MI AMIGO EL ÁRBOL

Juegos y actividades para estimular en los niños el amor a la naturaleza

Monika Krumbach

Ilustraciones de Iris Wewer

ONIRO

Título original: *Larix Taxus Betula*
Publicado en alemán por Ökotopia Verlag, Münster

Traducción de J. A. Bravo

Ilustración de cubierta e interiores: Iris Wewer

Distribución exclusiva:
Ediciones Paidós Ibérica, S.A.
Mariano Cubí 92 - 08021 Barcelona - España
Editorial Paidós, S.A.I.C.F.
Defensa 599 - 1065 Buenos Aires - Argentina
Editorial Paidós Mexicana, S.A.
Rubén Darío 118, col. Moderna - 03510 México D.F. - México

© 1996 by Ökotopia Verlag-Wolfgang Hoffmann GmbH & Co. KG
Este libro fue publicado por mediación de Ute Körner Literary Agent, S.L., Barcelona

© 2005 exclusivo de todas las ediciones en lengua española:
Ediciones Oniro, S.A.
Muntaner 261, 3.º 2.ª - 08021 Barcelona - España
(oniro@edicionesoniro.com - www.edicionesoniro.com)

ISBN: 84-9754-152-9
Depósito legal: B-48.343-2004

Impreso en Hurope, S.L.
Lima, 3 bis - 08030 Barcelona

Impreso en España - *Printed in Spain*

Índice

COSAS QUE HACEMOS CON LOS ÁRBOLES

Unas palabras para empezar

Con este libro intentamos que los niños aprendan a ver la importancia fundamental de los árboles para nuestro medio ambiente y nuestra cultura. Mediante actividades breves y otras más completas, juegos, exploraciones, bricolaje y recetas culinarias se dirigen estímulos a los cinco sentidos, siempre centrados alrededor del tema.

El árbol considerado como fuente de materias primas, de ramas y hojas frescas por ejemplo, es uno de los aspectos que hemos introducido deliberadamente. No hay que mirar el árbol como «pieza de museo», sino como parte integrante de nuestra vida y, por tanto, incluido en el ciclo general de dar y recibir. Como es lógico, se recurrirá preferiblemente a los sobrantes de poda y limpieza de primavera y otoño.

Los recuadros aportan información complementaria, sobre todo para facilitar la respuesta a las preguntas de los niños. Para descripciones naturalistas más detalladas de las distintas especies arbóreas, pueden recomendarse algunos textos especialmente adaptados a la comprensión infantil (véase el anexo).

Tanto las actividades como las informaciones se han ordenado temáticamente. El primer capítulo centra la atención en actividades de descubrimiento y exploración, mientras que el segundo procura dirigirse sobre todo a la fantasía y la creatividad. Algunas ideas y sugerencias pueden realizarlas los niños sin necesidad de supervisión, en otros casos la ayuda adulta será necesaria. La mayoría de las actividades son de tipo grupal (jardín de infancia, escuela, ludoteca, familia).

Se puede organizar con los niños, por ejemplo, una «semana del árbol», agrupando cualquier combinación de propuestas que convenga, en lo que servirán de ayuda los índices de actividades que se encuentran al final del libro.

Aprendiendo a conocer los árboles

Una gira de exploración

Antes de meternos en la «pista forestal», hablaremos de los árboles y todos juntos veremos qué se nos ocurre sobre el tema, qué nos interesa observar y descubrir. Mediante pequeños juegos experimentales verificaremos lo observado y finalmente profundizaremos nuestras reflexiones *in situ*.

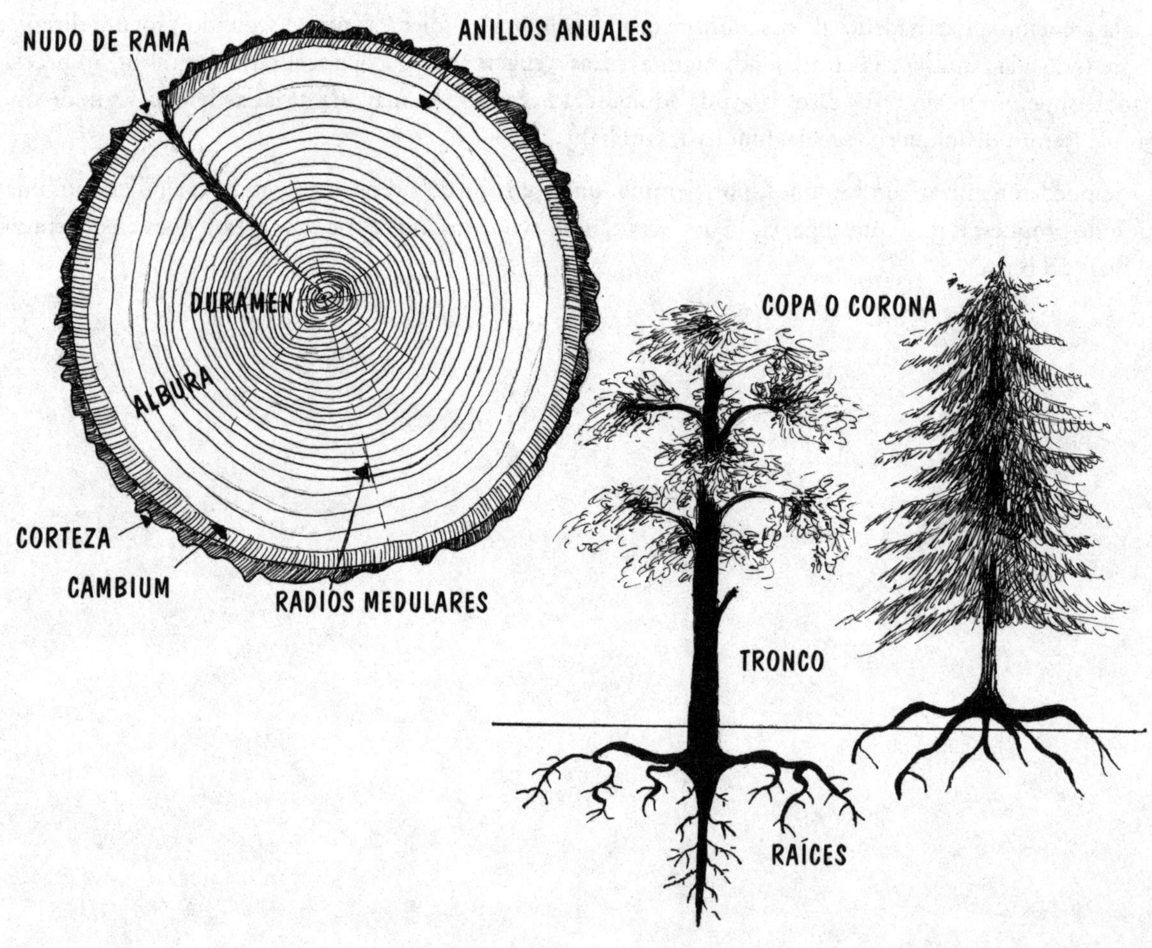

Qué es un árbol

Para empezar los niños hacen balance de los conocimientos disponibles. ¿En qué se diferencian los árboles de otros vegetales? ¿Cómo se forman las hojas y las acículas?

¿Qué aspecto tendrá un árbol visto por dentro?

Todos juntos: describir un árbol y pintarlo.

Evidentemente, y a diferencia de los vegetales no leñosos, el árbol tiene un solo pie, o tronco, y una copa, o corona. Las raíces que hunde en la tierra son gruesas y muchas veces forman un sistema incluso más grande que la copa, como puede verse en los esquemas de algunos manuales de botánica. Estas raíces se ramifican en otras, cada vez más delgadas, por donde se absorbe la humedad y las sustancias nutrientes de la tierra, y se almacenan durante la temporada invernal.

El corte transversal de un tronco, o el esquema del mismo, informan sobre la estructura interior del árbol. El tronco sirve de sustentación, y los intercambios necesarios para la vida se desarrollan principalmente entre el núcleo y la corteza, en el llamado cambium. Por esta región del tejido vegetal suben el agua y los nutrientes de las raíces, y también es la sede del crecimiento arbóreo: todos los años el cambium viejo se convierte en leña y muere, añadiéndose al tronco un nuevo anillo anual, y en la superficie externa de éste se forma un cambium nuevo. Finalmente, la corteza es el revestimiento exterior que evita lesiones.

Por arriba, el tronco se divide en ramas cada vez más delgadas, que sirven de sustento a la hoja y a la flor. Las hojas anchas y dispuestas más o menos horizontalmente reciben más luz del sol, pero las agujas o acículas son más resistentes al frío y al calor.

Como en todas las plantas, los órganos verdes se forman con el agua, los nutrientes y el dióxido de carbono atmosférico. La combinación de estos elementos catalizada por la luz solar les permite a los vegetales sintetizar el azúcar, que es su alimento, pudiéramos decir. En este proceso desprenden el oxígeno indispensable para la vida de los animales y de los humanos. Por tanto, cabe afirmar que los humanos viciamos el aire y los árboles lo restituyen.

Refranes y dichos sobre árboles

A ver a quién se le ocurre un refrán o un dicho corriente que tenga que ver con los árboles o materias relacionadas.

Explicar lo que significan: «Quien a buen árbol se arrima, buena sombra le cobija» (importancia de tener apoyos influyentes en la vida), «La rama jamás cae lejos del árbol» (los hijos se parecen a los padres), «Los árboles no dejan ver el bosque» (se dice de una exposición prolija, o de un asunto complicado), «Caerse del guindo» (despabilar repentinamente la persona ingenua), «Tomar el olivo» (marcharse con cierta prisa), «Pedir peras al olmo» (solicitar algo a quien no puede, o no quiere, darlo).

Récords de árboles

Los árboles, además de ser los seres vivos más grandes, también son los que viven más años, y con diferencia.

En la Sierra Nevada americana se han encontrado pinos achaparrados a los que se les calcula una antigüedad de hasta 4.600 años. Viven en comarcas de alta montaña que permanecen heladas casi todo el año, y su crecimiento es lentísimo. Generalizando, puede decirse que los árboles de crecimiento lento suelen vivir más años que los muy vivaces.

Los árboles más altos que se conocen son los abetos Douglas americanos (hasta 126 m), pero también las secuoyas y los eucaliptos australianos alcanzan tallas superiores a los 100 m.

El árbol más grande del mundo se cree que es el «General Sherman», secuoya gigante del parque nacional de California. Tiene unos 2.500-3.000 años y aunque «sólo» alcanza 84 m de altura, el tronco mide casi 10 m de diámetro, y por tanto tiene una circunferencia de 31 m. En total contendrá unos 1.500 m^3 de madera, ¡suficiente para amueblar unas 200 viviendas! A veces las secuoyas (hay dos especies) forman bosques enteros de gigantes.

En Europa los árboles más antiguos son tilos y encinas que tienen entre doscientos y mil años de vida. Hay tejos que llegan a los dos mil años, y suelen estar protegidos por las autoridades encargadas de Medio Ambiente. El drago de las islas Canarias también alcanza un tamaño impresionante y llega a vivir hasta mil años.

Cómo se calcula la altura de un árbol

Para ello, dos niños necesitan una vara de 1,80 m aproximadamente. Uno de ellos hará de observador y el otro marcará en la vara las observaciones.

Partiendo del pie del árbol, los dos niños se alejan caminando en línea recta 27 pasos (procurando que sean pasos iguales). Llegados a este punto, se clava la estaca verticalmente en tierra y uno de los niños camina 3 pasos más en la misma dirección. Con la cabeza apoyada en el suelo, mira al árbol. El otro marcará en la vara vertical, siguiendo las indicaciones de su compañero, el lugar por donde pasa la visual dirigida al remate o vértice más alto del árbol. A continuación los dos niños miden la distancia desde el suelo hasta la marca, y multiplicándola por 10 se tiene la altura del árbol.

Por el diámetro del tronco calculamos la edad

Tampoco son demasiado complicados los medios que se necesitan para saber aproximadamente la antigüedad de un árbol. Con un cordel o una cinta métrica flexible, los niños medirán la circunferencia del tronco, tomada más o menos a la altura de sus propios hombros. El resultado se divide por 2,5. Por ejemplo, si un tronco de 100 cm fue plantado hará unos cuarenta años, otro de 250 cm de circunferencia pertenecerá a la categoría de los «centenarios».

Juegos de exploración

Cadena de árboles

En preparación, marcamos un recinto interesante del bosque o del parque atando una cuerda a la altura de las manos infantiles. Los niños van con los ojos vendados, como «a la gallina ciega», guiándose por la cuerda, y fijando la atención en las estructuras, las texturas superficiales y los aromas de los árboles. En este momento no se hará ningún comentario, pero luego, todos reunidos, podrán comparar sus impresiones.

Amigo árbol

Busquemos un árbol que justamente podamos abarcar con los brazos. Si todos los troncos son muy gruesos, lo intentarán entre dos o más compañeros. Que las manos palpen las raíces hasta donde sea posible. Las ramas bajas, si son lo bastante gruesas, invitan a colgarse, a columpiarse. Y si uno se tumba al pie del árbol, de cara al cielo, podrá contemplar la corona, y descubrirá que el rumor de ramas y de las hojas a veces cuenta algunos secretos.

Buscar esculturas-árbol

A veces los troncos se retuercen simulando formas extrañas. ¿Encontraremos un tocón, una raíz abultada, un olivo centenario, que recuerden otra cosa?

Después de las grandes tormentas, no es raro encontrar bosques llenos de esculturas y murallas fantasmagóricas hechas de troncos caídos, o rajados, o incluso árboles completamente descuajados por el temporal.

Contar los anillos anuales

Durante la excursión los niños buscarán algún tronco talado. Cada anillo representa un año. ¿Cuántos años tenía el árbol cuando lo cortaron? El dibujo más oscuro del anillo se produce en invierno que es cuando el árbol crece más lentamente. Estos anillos suelen ensancharse hacia el lado de la solana. ¿Todos los años son iguales, o se consigue distinguir épocas de mejor o de peor clima? ¡A ver quién descubre el anillo correspondiente al año en que nació él (o ella)!

Jugar a ser árbol

Los niños intentarán mentalizarse, los pies bien plantados en el suelo y con los brazos alzados oscilando levemente al aire. El tronco, en cambio, se mantiene firme y vertical. Entre muchos formarán un bosque. ¿Qué le sucede al bosque cuando llueve, nieva, sopla el viento? Un «espíritu del bosque» irá dando las instrucciones correspondientes.

Rally silvestre

Una vez hayamos explicado las especies autóctonas más corrientes, saldremos con los niños caracterizados de exploradores a recorrer un área boscosa previamente elegida, o un parque con muchos árboles. Para facilitar la orientación escogeremos una encrucijada, algún ejemplar especialmente notable, o algo por el estilo. Conviene escoger un lugar con numerosas especies arbóreas diferentes. El equipamiento de los chicos puede incluir por ejemplo unos prismáticos, una lupa, un cuaderno de notas, latas para guardar especímenes, guía de ruta, etc., lo cual servirá para espolear el afán de investigación.

Ante todo, deliberaremos sobre lo que vamos a estudiar. ¿Qué árboles se dan en esta región, qué especies son las más corrientes? ¿Son de hoja perenne o de hoja caduca? ¿Qué talla alcanzan los más grandes? ¿Aparecen reunidos en familias o muy mezclados? ¿Crecen en terrenos soleados, o en la umbría, en suelo seco o en tierras húmedas? ¿A qué especies animales y vegetales dan abrigo? Para la excursión los niños formarán grupos de 2 o de 4.

Transcurrido un tiempo convenido previamente (unos 20 a 30 minutos) nos reuniremos y compararemos impresiones. Los niños de más edad habrán dibujado incluso un plano de la zona, donde estarán anotadas las especies que encontraron.

Para centrar la atención de los más pequeños, la víspera introduciremos en el bosque algunas pequeñas modificaciones: objetos colgados de las ramas, o escondidos entre las raíces; marcas de colores pintadas en las cortezas, etc. La redacción del plan de actividades puede ser un poco misteriosa: «¿Quién sabrá encontrar el árbol azul?» (con un trozo de gasa azul atado al tronco), «¿cuál es el árbol que hace música?» (un móvil hecho de latas vacías de conserva, que resuenen al agitarlas el aire). Durante la exploración pueden coleccionar objetos que vayan recogiendo, piñas, bellotas, palitos, los cuales se expondrán y compararán al final de la excursión.

En verano, es aconsejable terminar la salida en un lugar con moras, o cerca de una fuente, en algún claro conveniente para tomar la merienda. Después del refrigerio puede incluirse todavía una fase de creatividad. Según las aficiones y la época del año fabricarán sonajeros o maracas, instalarán un monigote, o realizarán un gran *collage* con las piezas encontradas.

Safari fotográfico

A finales del otoño y en invierno, cuando los árboles de hoja caduca se han desprendido de su revestimiento, nos muestran su «personalidad» interior, por decirlo así. Visitaremos con el grupo un parque o un huerto de frutales (en el interior del bosque invernal nos faltaría luz para sacar buenas fotografías), y los niños mayores llevarán sus cámaras. Sobre todo las fotografías en blanco y negro resaltan bien la estructura del ramaje.

Para empezar buscaremos los árboles que ofrezcan un carácter más interesante y los retrataremos desde distintos puntos de vista: de cerca, de lejos, desde el pie con el objetivo apuntando al cielo, etc. Buscaremos imágenes originales, como grandes troncos caídos, raíces desenterradas por los temporales, troncos retorcidos o entrelazados unos con otros. También suelen ser llamativas las «asociaciones simbióticas», como los troncos revestidos de hiedra u otras plantas trepadoras, coronas invadidas por el muérdago, todo lo cual se reconoce con mayor facilidad en invierno.

A continuación permitiremos que monten una pequeña escenografía de troncos y ramas, por ejemplo para formar cuadros vivientes que también se fotografiarán: abrazando árboles, asomando por entre la hojarasca, sentados sobre una raíz...

Cuando hayan salido las fotos el grupo volverá a reunirse para elegirlas y, si se quiere, organizar una pequeña exposición con las ampliaciones, o confeccionar un álbum recordatorio de la excursión.

Árboles y no sólo en el bosque

Al hablar de árboles siempre se piensa en los bosques, pero hay otros biotopos que dan pie a exploraciones y juegos. En estos casos no intervienen sólo la irradiación solar, la humedad atmosférica, etc., sino que hay una intervención humana, que ha plantado por motivos estéticos o económicos. E incluso el bosque presenta distintos estados de explotación y repoblación por muy diversas razones:

Avenidas: Son árboles y arbustos plantados en hilera, para servir de protección contra el viento y el sol. Flanquean las calles y las carreteras dando una sombra agradable y un ambiente refrescante.

Setos: Las alineaciones de árboles rompen la corriente de aire y por eso, en las regiones muy afectadas por vientos fuertes, se plantan para defender las casas. Los setos vivos más o menos altos también sirven para delimitar prados y sembrados, y proporcionan un hábitat a muchas especies de pájaros, insectos y otros animales pequeños.

También se plantan setos entre jardines contiguos para preservar la intimidad de los residentes.

Plantaciones frutales: Los huertos de árboles frutales se plantan en formaciones geométricas, y otras veces dispersos y con intención decorativa. También sirven para dar habitación a numerosos animales así como a plantas arbustivas y herbáceas.

En la ciudad: No es raro ver árboles en jardines particulares, parques, jardincillos públicos y plazas. Cada uno de esos árboles es un trozo de vida. Algunas especies, como el plátano de sombra, resisten bien la contaminación ambiental lo que les permite sobrevivir incluso en las calles. En los grandes parques encontramos a veces especies que fueron exóticas en su origen pero que se han aclimatado entre nosotros hace siglos.

Árboles domésticos: Nuestros antepasados tenían la bella costumbre de plantar un árbol en el patio, delante de la casa, donde revestía un significado especial como espíritu protector, o en la plaza mayor del pueblo, para marcar el lugar de las reuniones y de las celebraciones: encinas, robles, castaños y olivos fueron muy empleados a este fin. Podemos verlos todavía en algunas aldeas y casas de campo. A veces los plantaban para conmemorar el nacimiento de un hijo.

Cómo plantar un árbol

Aunque no dispongan de jardín propio los niños pueden hallar ocasión de plantar un árbol. Tal vez se encontrará un lugar en el jardín de infancia, en el recinto polideportivo o en cualquier espacio público (solicitando autorización). El procedimiento es el siguiente:

- El plantón se tiene en un cubo con agua que cubra las raíces.

- Con la pala, excavar un agujero suficiente para dar cabida a las raíces sin que se doblen. Amontonar a un lado la tierra que vayamos sacando.

- Echar en el agujero un cubo de humus o compost de buena calidad.

- Regar con un poco de agua.

- A un lado del plantón clavamos dentro del agujero una estaca por lo menos tan larga como las raíces y el tronco del arbolito.

- Sujetar el plantón, que debe quedar enterrado a la misma profundidad que estuvo antes (se conoce porque el tronco tiene un color más oscuro por la parte de abajo).

- Añadir un poco más de abono, y seguidamente rellenar el agujero con la tierra que habíamos extraído.

- Apisonar bien, y regar de nuevo con abundante agua.

- Asegurar el tronco a la estaca mediante una banda o correa ancha entrecruzada.

- Durante los primeros días, regar con asiduidad.

Árboles tóxicos

Algunos arbustos y árboles, o determinadas partes de ellos, contienen venenos muy activos. Antes de permitir que los niños se acerquen a vegetales de estas especies hay que enseñarles a conocerlos y distinguirlos. Lo más aconsejable es evitar que las manipulen durante los juegos y actividades de bricolaje.

Son plantas tóxicas, por ejemplo, la adelfa, el aligustre, la falsa acacia, el haya, la melia, el tejo, las tuyas. Atención también a las espinas peligrosas: zarzas, acacia de tres espinas, yucas, palmera canaria, así como a la posible incidencia de alergias en los niños.

El bosque, un biotopo

Durante nuestro estudio del árbol, el bosque aparecerá sin duda en nuestras consideraciones, y allí nos llevarán muchos de nuestros juegos y exploraciones. Conviene saber más, por tanto, acerca de ese biotopo complejo y de las especies animales y vegetales que lo habitan.

El bosque vive

Como de costumbre, para empezar los niños se reúnen a fin de recoger dudas y preguntas: ¿Dónde está el bosque más cercano? ¿Diez árboles son bastantes para formar un bosque? ¿Quiénes conocen y saben nombrar animales y plantas? ¿Cuáles? ¿De quién es el bosque? ¿Para qué nos sirve? ¿Está permitido entrar en todas partes? ¿Cuánto tarda un bosque en crecer? Casi todos los niños saben algo, ya que habrán visitado bosques durante las salidas con sus padres. Que describan su árbol preferido, o dónde hay una pista forestal o un claro dignos de verse.

Al discutir estas preguntas aprovecharemos para transmitir algunas informaciones a los pequeños.

El bosque es una comunidad de vida que contiene cientos de especies animales y vegetales. Todas conviven, van y vienen, nacen, crecen y mueren. Los árboles proporcionan abrigo y alimento a otros vegetales así como a numerosas especies animales. Los pájaros y las ardillas son los primeros que se nos ocurren, pero también están los insectos que viven en la corteza, los animales que hacen madriguera entre las raíces, etc.

Todos tenemos un «derecho de paso», lo que significa que no podemos movernos libremente en las áreas protegidas, con independencia de quiénes sean los propietarios. Algunos bosques pertenecen al Estado, otros a los municipios, o a alguna institución como la Iglesia, y luego están los de propiedad particular. En la medida en que todos podemos disfrutar del bosque, todos somos responsables de su conservación.

Aparte del valor lúdico (paseos, meriendas, juegos en el bosque) y de la utilidad económica (la madera como materia prima renovable, de la que se aprovecha todo, y creación de puestos de trabajo), los árboles emiten constantemente el oxígeno que nos es indispensable para la vida. El bosque filtra las aguas de lluvia, protege el suelo (que en ausencia de árboles se reseca y desaparece arrastrado por los vientos y los arroyos), depura el aire (absorbiendo partículas contaminantes) y dulcifica el clima (atenuando los extremos de insolación, precipitaciones y temperaturas).

Los niños mayores hallarán con facilidad en un mapa la distribución de los recursos forestales. En España se da como «montes y bosques» un 31,4 % de la superficie, proporción más o menos similar a la de Alemania (29,1 %) y muy inferior a la de Finlandia (66 %), pero superior a la de Australia (6 %). Otras comparaciones: Estados Unidos 23 %, Brasil 66 %, y muchos países africanos son bosques en la mitad de su territorio. En todo el planeta está cubierto de bosque el 26 % de las tierras emergidas, pero desde luego esos bosques no son iguales en todas partes, desde las grandes extensiones de coníferas (bosque nórdico) en los países septentrionales, hasta la selva tropical húmeda, de la que hablaremos más adelante. Todo esto puede verse también en un atlas o un mapamundi grande.

En las repoblaciones, los arbolitos que vemos hoy a lo mejor llegarán a convertirse en un gran bosque dentro de varias generaciones. Se trata, pues, de actuar con previsión a muchos años vista. Ya hemos aprendido a calcular la edad de un árbol. Así podemos averiguar cuántos años tienen los del patio de nuestra escuela, por ejemplo. En los cultivos forestales debe regir el principio de la «reposición económica», es decir equilibrando las talas con la repoblación. De manera que no se talan de una sola vez todos los árboles de una zona, sino que se va entresacando para dar espacio a los que permanecen. Así, en una hectárea de robledal donde se hayan plantado unos 10.000 plantones, al cabo de cien años sólo quedarán unos 400 robles pero, eso sí, de gran porte todos ellos.

¿Qué es una selva virgen?

¿Existen todavía bosques o selvas vírgenes? Si fuésemos unos hombres primitivos nacidos hace miles de años podríamos caminar muchos días seguidos sin salir de los bosques inmensos que existían entonces. En la época de los romanos, es decir hace unos 2.000 años, tres cuartas partes de la superficie de Europa estaban cubiertas de bosque, y se decía que una ardilla podía ir de Gibraltar a los Pirineos saltando de rama en rama. En la Edad Media el crecimiento demográfico hizo necesarias extensas talas para ganar tierras de cultivo, también para obtener madera de construcción y leña de calefacción. Hacia el año 1500 la superficie forestal se había reducido al 30 % (igual que hoy).

Nuestros antepasados aún vivían rodeados de bosques mixtos de especies caducifolias y coníferas. Muchos toponímicos como La Selva, Robledo, Carballeira, El Pinar, recuerdan todavía esa circunstancia. ¿Tenemos alguna comarca o población de nombre similar cerca de nosotros?

El verdadero bosque virgen, a diferencia del «cultivo forestal», es el que no ha sido talado nunca. Quedan pocos, generalmente en ámbitos protegidos, por ejemplo los de Bohemia y Austria. En Norteamérica y en las regiones tropicales abundan más. Un territorio que haya sido explotado y luego abandonado cubriéndose nuevamente de árboles no es selva natural auténtica.

Un ramo silvestre

Entre otras cosas que hayan encontrado durante las excursiones, los niños también pueden llevar a casa ramos silvestres, sin necesidad de romper nada: en los bosques y parques se encuentran a menudo ramas rotas, o cortes de la poda. Los propietarios de jardines también suelen podar sus árboles para aligerarlos y que crezcan mejor. Son interesantes los especímenes con alguna particularidad curiosa: una rama de chaparro con bellotas, o de plátano con las bolas de semillas que «pican», o las de especies siempre verdes, a veces olorosas como las coníferas.

Los hallazgos pequeños, como piñas, cortezas, etc., pueden montarse sobre un alambre y unirse con lo demás para formar el ramo. Puesto en un tarro de vidrio con agua, éste se mantendrá fresco muchos días y nos recordará el bosque del que procede.

Lo que todo el mundo comenta: la deforestación

Incluso los niños de corta edad entienden fácilmente que los árboles lo pasan mal en nuestros modernos entornos industriales. Son seres vivos como nosotros y tienen su sensibilidad. Tardan muchos años en crecer y hacerse fuertes, y mientras tanto los humanos alteran su medio ambiente una y otra vez. Por eso, hoy día muchos árboles están enfermos.

Que los pequeños se fijen en un árbol que conozcan todos, y traten de imaginar lo que le pasa en el decurso de una jornada, por ejemplo si está cerca de una zona de estacionamiento y pasan muchos coches, si hay chimeneas cercanas, si los perros se hacen pipí en su tronco, si la parte de las raíces ha quedado recubierta de asfalto o cemento...

Se distingue entre las agresiones tradicionales, como las intemperies, la abrasión del viento, la nieve que quiebra las ramas, los parásitos, y las modernas (contaminación ambiental, cambio climático). A menudo los efectos tardan algún tiempo en manifestarse. También depende de las especies; muchos de nuestros cultivos forestales son monocultivos, de pino o de abeto por ejemplo. En estas condiciones, los parásitos específicos encuentran alimentación abundante y se propagan con rapidez. En ocasiones la especie no es la más idónea para el tipo de suelo y no arraiga bien: cualquier tormenta un poco fuerte tumba entonces los troncos.

Los árboles absorben las partículas contaminantes del aire y del agua de lluvia, y enferman. También los perjudican los abonos (por ejemplo, el amoníaco de las grandes explotaciones ganaderas), sustancias que la lluvia transporta al subsuelo y que atacan las raíces de los árboles.

Todos los años, la autoridad encargada de los asuntos forestales inspecciona el estado de los montes y los bosques, y se publican estadísticas que pueden ser consultadas por los chicos de más edad cuando sea necesario aportar datos y cifras. Lo que dicen estos informes es que, en las regiones industrializadas de Europa, más de la mitad de los ejemplares se hallan ya atacados, y uno de cada cuatro en situación grave. Los árboles de hoja caduca son más vulnerables, en especial el roble, y más los viejos que los jóvenes. La contaminación ha afectado especialmente a los bosques del Este europeo.

Lo que podemos hacer por ellos:

- Llevar un régimen de vida más atento al medio ambiente y al ahorro de energía: usar menos el automóvil, malgastar menos, producir menos basura.

- No estropear los árboles jóvenes durante los juegos, los paseos fuera de camino o las actividades deportivas.

- Proteger los árboles activamente, participar en campañas de repoblación y cuidado (muchas entidades ecologistas organizan actividades para niños).

- Informar a los demás, coleccionar información de texto e imagen, organizar exposiciones en la escuela u otros lugares públicos, escribir cartas al buzón del lector de los periódicos.

- Apadrinar un árbol. En algunas ciudades, los vecinos se encargan personalmente de cuidar el arbolado público.

Una vida de coleóptero

Los parásitos de los árboles utilizan a éstos como medio vital y al mismo tiempo los dañan. Son los numerosos tipos de barrenillos, taladrillos y demás, espanto de todo guarda forestal y todo ingeniero agrónomo. Los inconfundibles cerambídidos de largas antenas crían larvas que excavan galerías en la madera, y van depauperando poco a poco el árbol que los alberga. Los chopos, por ejemplo, suelen ser atacados por ciertas especies de esta familia hasta que el primer viento fuerte los derrumba, y entonces la madera carece en absoluto de valor comercial. También son muy agresivos los ípidos, que excavan largos túneles verticales, de los que arrancan numerosas ramificaciones laterales donde las hembras ponen los huevos. El *Ips typographus* prefiere los troncos gruesos, mientras que el *Pityogenes chalcographus* coloniza especies de tronco más bien delgado. También hay que recordar la carcoma común, un anóbido que consigue reducir a polvo hasta el tronco más seco.

A veces se observan estos sistemas de galerías en los troncos caídos, cuando se les desprende la corteza. Si reparamos en uno de ellos, haremos que los niños se fijen. Pueden obtenerse figuras muy curiosas, que ilustran acerca de cómo taladran la madera estos insectos, sacando moldes con arcilla o plastilina.

Colecciones y exposiciones

En las salidas de exploración y juego, muchas veces se recogen hallazgos curiosos que pueden coleccionarse para sistematizarlos luego. Sirven de recuerdos y para refrescar los conocimientos adquiridos, que tal vez desearemos completar más adelante.

Diccionario del árbol

Es una actividad para todo el grupo, y se trata de reunir una colección clasificada por especies y ampliable, por tanto, en varias etapas sucesivas. El orden alfabético no es necesario si los niños aún no están en edad de leer.

A tal efecto empezaremos por averiguar cuáles son las especies más abundantes en la región. Para cada especie arbórea importante reservaremos una caja de cartón (de zapatos, por ejemplo) con tapadera. En ellas guardaremos todo lo que se haya encontrado durante el año en relación con cada tipo de árbol: trozos de ramas y de la corteza, flores, frutos, piñas, hojas de la primavera, del verano y del otoño que se conservan prensadas entre papeles, e incluso fotografías o dibujos «del natural» que hayan hecho los niños en cualquier estación, con el árbol revestido de todas sus hojas o exhibiendo la desnudez invernal.

La colección completa puede servir para juegos de identificación. Que la criatura, con los ojos vendados, elija uno de los recipientes y lo abra, para tratar de adivinar al olfato y al tacto qué tipo de árbol ha sido el escogido por el azar. ¿En qué se les reconoce mejor?

Exposición de árboles

Las exposiciones con el árbol como centro de interés pueden organizarse a cargo del grupo o de la clase, o también aprovechando algún evento o iniciativa informativa más amplia sobre temas de naturaleza y medio ambiente. Si se realiza en un ámbito privado (habitación infantil, buhardilla, caseta de jardín), con la familia y los amigos, es una actividad excelente que permite intercambiar muchas experiencias y conocimientos.

Los temas elegidos pueden ser «mi árbol favorito», «los árboles de nuestra comarca», «el árbol y la protección de la naturaleza», etc. El tema se dividirá en diversos aspectos para poder repartirlo entre los niños del grupo, ya que no sólo se les pide que aporten contenidos sino también que participen en la organización, en reunir informaciones, y así sucesivamente. De esta manera, además, cada uno podrá ensayar de antemano su propia intervención.

Así se prepara una exposición:

- Buscar el local adecuado: pasillo o aula del colegio, sala de reunión. A veces se puede disponer de locales facilitados por entidades municipales o cajas de ahorros.

- Recopilar la información: excursiones con inspección directa, consultar guías y obras de referencia, preguntar a los entendidos. Los niños deben prepararse para el caso de que los visitantes de la exposición les hagan preguntas.

- Establecer los puntos principales, determinar el sentido general. La exposición debe destacar peculiaridades, sorprender al visitante presentándole bajo una nueva luz las cosas que él creía conocidas. No es imprescindible que sea «bonita», pero sí debe transmitir mensajes reales (la deforestación, la sobreexplotación económica, son aspectos que no hay que omitir).

El material se reunirá con arreglo al criterio de «estimular los cinco sentidos»: pintar retratos de los árboles (verano/invierno), o si es posible fotografiarlos; coleccionar elementos arbóreos, cortes transversales, objetos de madera, piezas pequeñas de mobiliario, cestos de mimbre, cortezas, frutos, hojas, ramas; productos arbóreos como el corcho, las resinas, los aceites esenciales; productos comestibles.

• Imaginar actividades y allegar el material necesario para su realización. Interesa obtener la participación de los visitantes, por ejemplo que toquen las marimbas de distintos tipos de maderas (véase más adelante) para comparar las sonoridades, o colocar bloques de distintas maderas en tornillos de banco para que se puedan martillar, aserrar y lijar.

• Se confecciona una lista de todas las ideas para decidir cuáles son practicables. Repartir los cometidos de manera que todos y cada uno sepan lo que les ha tocado hacer.

• Preparar las presentaciones: pintar y pegar carteles (uno para cada especie, o también carteles comparativos: las hojas de todas las formas, los tipos de piñas, las maderas, etc.); conseguir cajas para las frutas, o estanterías. Los objetos grandes pueden exponerse colocándolos sobre tarugos de madera colocados como pedestales, los pequeños se posi-

cionarán a la altura de las manos, para que sea posible tocarlos. También cabe pensar en colgaduras, si está permitido clavar tacos. Los objetos a exponer deben identificarse con etiquetas rotuladas.

• Organizar la publicidad: confeccionar carteles pintados o *collages* y colocarlos (según sea el local elegido, en los pasillos, o en las puertas y los escaparates de las tiendas pidiendo permiso); también cabe pensar en la posibilidad de repartir invitaciones.

• Organizar la vigilancia: conviene fijar unos horarios de visita no demasiado amplios, para que siempre puedan estar presentes en el local de la exposición 2 o más niños preparados para contestar a preguntas y consultas.

• Realizar con amigos y conocidos un ensayo previo a la inauguración. Controlar si todo queda bien visible, e interesante, y proceder a las últimas modificaciones en caso necesario.

• Preparar la tarde de la inauguración: productos arbóreos de comer, y bebidas (galletas de nueces, rodajas de manzana, zumos, infusiones, etc.). Tener preparado un libro de firmas, donde los visitantes podrán anotar sus impresiones. Notificar a la prensa, e incluso, si parece oportuno, invitarla a la inauguración si se desea que la exposición tenga resonancia.

Árboles en casa

Ramos de invierno

Es lícito llevar la naturaleza a casa para poder observarla mejor. Nuestros bisabuelos habían descubierto ya que las ramas de los árboles frutales, desnudadas por el frío del invierno, «adelantan» la primavera cuando las llevamos a un entorno más caliente. De ahí la costumbre de cortar ramas de cerezo el día de santa Bárbara (4 de diciembre), o de cerezo y forsythia un mes antes de la Pascua. Si se les da el tratamiento adecuado, estarán florecidas para la Navidad o para la Pascua.

Usaremos ramas del jardín, de las que deban podarse de todas maneras cuando los árboles vayan demasiado cargados. A menudo se encuentran también ramas de la poda municipal de los parques y jardincillos, o de los huertos si salimos al campo un fin de semana. No importa de qué especie sean, los niños las recogerán, las recortarán un poco más con la podadera (lo que, al mismo tiempo, les permitirá formarse una idea de su consistencia), y así se prepara la sorpresa.

Es menester que esas ramas hayan pasado al menos una helada estando en el árbol, para hacerles «creer» que el invierno ha terminado. Se colocan durante un par de días en un cubo grande con agua, que se dejará en lugar fresco. A continuación lo pasamos a una habitación normal. Con un poco de suerte, al cabo de 1 o 2 semanas veremos las primeras yemas, de las que poco después nacerán flores y las primeras hojitas verdes. Variando la colocación de las ramas a lugar más frío o más caldeado podremos controlar con exactitud el momento de la floración completa.

Los árboles y sus hijos

En otoño las semillas están esparcidas por todas partes: pepitas de las ciruelas que cayeron al suelo y se estropearon, castañas, semillas del castaño de sombra, avellanas, bellotas de encinas y chaparros, y otras muchas. Aprovecharemos un paseo con los niños para recogerlas. Al aire libre, buscamos un lugar adecuado y enterramos la semilla a un par de centímetros de profundidad. Marcamos el lugar con una estaquilla y, ¡a esperar hasta la primavera siguiente, a ver qué pasa!

Previamente haremos que los niños observen con atención el lugar, para ver dónde se sitúan los árboles «padres»: ¿prefieren la solana o la umbría? ¿Han arraigado en el mantillo del bosque, o en tierra arcillosa, o arenosa? ¿Es un lugar húmedo o un lugar seco? Hay que tratar de reproducir las condiciones en el jardín con la mayor fidelidad posible, para que los futuros arbolitos se «encuentren a gusto».

Pero también los que sólo disponen de un balcón, o del alféizar de una ventana, pueden probar la suerte con una maceta. Las castañas, las bellotas, las nueces y las pepitas de frutas como el melocotón o el albaricoque se dan bastante bien. Cada niño necesitará 2 o 3 macetas con unos 12 cm de diámetro y agujero en el fondo para dar salida al agua sobrante, con el correspondiente plato de arcilla para colocar debajo. Estos recipientes se rellenarán hasta cerca del borde con tierra para plantar que se adquiere en la floristería. Las semillas elegidas (una por maceta) se entierran a unos 4 cm de profundidad (huesos de frutas sólo a 2 cm), y luego chafamos ligeramente la superficie de la tierra con el dedo. Regar con regularidad y colocar al aire libre en un lugar resguardado, o en casa, sobre el alféizar de la ventana si recibe suficiente luz. Sólo que será preciso tener un poco de paciencia y esperar algunas semanas para que germinen. Los plantones criados en interiores se sacan al aire libre en verano.

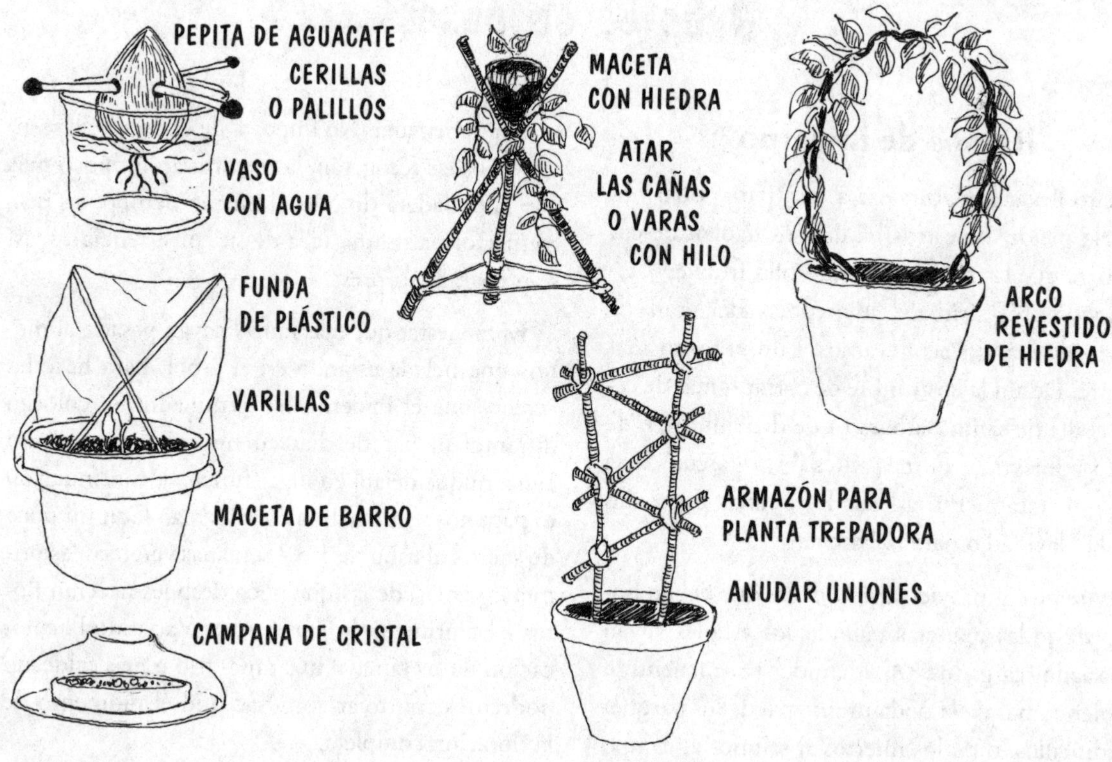

El árbol como proveedor de alimento y materias primas

Los árboles además de hallarse en el bosque o en la naturaleza están en todas partes, ellos o sus productos. Si no existieran, ¿qué cosas echaríamos en falta? Sería más difícil tener muebles, ventanas, puertas, escaleras, suelos entarimados, y gran número de productos alimenticios...

Describir la situación sin temor a exagerar. Para ampliar el tema se puede tratar de clasificar las materias primeras y los alimentos que se obtienen de los árboles, a fin de dar una idea de lo muy necesarios que son para nuestra vida cotidiana.

No olvidemos aportar ejemplos de otras latitudes y aplicaciones que no sean tan conocidas.

Muchas posibilidades de elaboración, como la fabricación de muebles, se les demuestran con facilidad a los niños dándoles tareas de bricolaje que hacer (con ayuda). De momento no es necesario exigir mucha perseverancia ni acabado perfecto, basta que aprendan a aserrar y lijar para ir trabando conocimiento con el material.

Árboles que pasan por el estómago

Empecemos por la comida. Fácilmente se encuentran sabrosos ejemplos de frutas locales y exóticas (pero no el plátano ni la piña americana que no son de árboles), así como de semillas (los piñones, las almendras, las avellanas, las nueces, los cocos). Algunas de ellas dan aceite: nueces, aceitunas.

En los países pobres donde escasea la carne, muchas veces los frutos de los árboles son fuente principal de proteínas e hidratos de carbono complejos, como el algarrobo, el árbol del sagú, la palmera datilera. Se pueden citar algunos productos exóticos como los aguacates, los mangos, o el jarabe de arce que se encuentra en tiendas de especialidad.

La harina de bellotas y castañas en algún tiempo sirvió de alimento humano.

Los españoles trajeron de América el cacao y bebieron chocolate; la costumbre se extendió por Europa y los cuáqueros inventaron el chocolate en forma sólida para comer.

También son de origen arbóreo muchas especias, como la canela y la nuez moscada (fruto de la mirística, un árbol de la India).

Hay propuestas sencillas que los niños realizarán fácilmente y que demuestran al mismo tiempo la inmensa variedad de los productos. Los ingredientes pueden adquirirse aprovechando una salida o excursión, y se preparan luego en común.

Infusiones: hojas frescas de tilo, de frambueso, de grosellero, de bayas secas de escaramujo (dar un breve hervor, con o sin los huesos), de hojas de saúco, o de la flor de saúco, de pieles de manzana, de cáscaras de limón y de naranja (utilizar materiales de estas y otras frutas sólo cuando estemos seguros de que no han recibido ningún tratamiento), de agujas de pino silvestre y de abeto.

Refrescos: hechos con jarabes de flor de saúco o de frutas (lima, limón, grosella, maracuyá), zumos de frutas, leche de almendras.

Frutas del bosque comestible: se hierven las bayas de escaramujo, las de endrino, los frutos de serbal, de saúco. También se comen los frutos del moral y muchas variedades silvestres de frutales que nosotros conocemos como de cultivo como el cerezo, el manzano, el peral.

Sirven para fabricar zumos, mermeladas y gelatinas al igual que las frutas de huerta, y se hacen algunas combinaciones muy sabrosas.

Para untar el pan: nueces frescas picadas con mantequilla, hojas frescas de tilo cortadas a tiras finas, flor de saúco. Para hacer mermelada de frutas del bosque, las trituramos con el tenedor y mezcla-

mos la pulpa con un poco de miel, también para batidos con leche.

Cuando salgamos a recoger los productos de la naturaleza hay que tener en cuenta estas reglas:

- Recoger sólo en lugares auténticamente exentos de contaminación, es decir alejados de las autopistas, autovías y carreteras principales.

- No llevarnos nunca más de lo que realmente vamos a consumir.

- Lavar siempre a fondo las hojas, los frutos, etc., mejor si se hace con agua salada.

- Coger con delicadeza, procurando no dañar el árbol.

- Coger sólo de plantas que tengamos realmente identificadas sin duda alguna, en caso necesario llevar un manual de botánica.

- No coger nunca de especies protegidas.

Economía del árbol

Si elaboramos una lista, o representamos en un cartel las distintas utilidades del árbol, lo primero que se nos ocurre es la madera. Madera de construcción para casas y andamios, muebles, enseres, embarcaciones, zuecos, lápices, cerillas, leña para hacer fuego...

Para una demostración de diferentes tipos de madera, a ser posible facilitaremos a los niños un bloque de madera dura y otro del mismo tamaño y de madera blanca, así como herramientas que les permitirán trabajar la madera y notar la diferencia. La madera blanda (pino, abeto) se raya incluso con la uña. Los anillos anuales destacan con claridad. Un clavo penetra con facilidad, y también es más fácil de aserrar y lijar. El bloque pesa mucho menos...

No sirve para cualquier finalidad cualquier tipo de árbol. Las maderas densas y duras como la de haya o de encina se dedican a la fabricación de productos duraderos y resistentes, como los muebles y los entarimados. La madera de olmo es elástica y suele emplearse para muebles que tengan elementos curvilíneos. La de palosanto es dura y de grano fino, ideal para la construcción de instrumentos musicales. La de balsa, muy ligera, se emplea en aeromodelismo. La de tilo se deja tallar con facilidad.

Incluso las virutas y el serrín se aprovechan en la fabricación de papel, tablero aglomerado y otros usos. El transporte y el mecanizado de la madera son bastante más baratos que los de otros materiales. Con una planificación adecuada de las talas y repoblaciones, la madera es un recurso renovable, y como se utiliza todo, no produce contaminación.

Otras materias primas de las que tal vez tendrán experiencia directa los niños son los aceites esenciales, la trementina (producto limpiador y disolvente, derivado de la savia de las coníferas), los adhesivos a base de látex procedente del árbol del caucho, la colofonia (la resina con que se tratan los arcos de los instrumentos de cuerda).

Las cortezas se utilizan en tenería: especialmente la corteza de roble contiene tanino que sirve para dar flexibilidad a los cueros y asegurar su conservación. Más adelante nos referiremos a los árboles que proporcionan pigmentos para teñir.

Con las hojas de palma se hacen cestos. Hay árboles cuyas fibras sirven para labores de cordelería, y la ceiba tiene semillas que dan una especie de algodón utilizado para relleno de colchones y almohadas. Por último, pero no menos importante, están los árboles que se plantan para repoblar y regenerar comarcas desertificadas (diversas especies de eucalipto y tamarisco) o proporcionar alimento a especies animales útiles (plantaciones de morera para los gusanos de seda).

Los muebles

Después de una ronda por la casa, acabamos de comprobar que casi todos los muebles siguen fabricándose de madera, todavía hoy. No se necesitan herramientas costosas para que unos chicos en edad de EGB improvisen un par de elementos de mobiliario. Las piezas a trabajar se montan en un tornillo de banco. Manejar las herramientas con cuidado, mejor formando grupos de a dos.

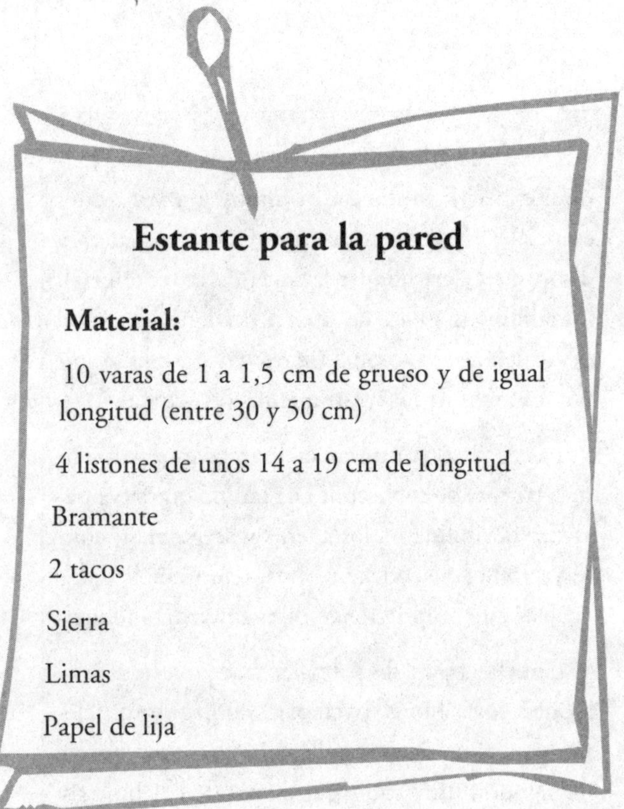

Estante para la pared

Material:

10 varas de 1 a 1,5 cm de grueso y de igual longitud (entre 30 y 50 cm)

4 listones de unos 14 a 19 cm de longitud

Bramante

2 tacos

Sierra

Limas

Papel de lija

Alinear las varas una junto a la otra sobre la mesa de trabajo; no hace falta que estén descortezadas, y también sirven unas cañas de bambú. En ambos extremos colocamos por encima y por debajo de las varas sendos listones (u otras varas más delgadas) de manera que sobresalgan unos 2 cm del ancho de las varas alineadas. Atamos fuertemente, de dos en dos, los extremos de los cuatro listones, y con el cordel sobrante rodeamos las varas para evitar que se desplacen.

Para colgar el estante, atamos a los listones dos trozos de cuerda, de unos 50 cm de largo cada uno. Hacemos sendos lazos en la parte superior y colgamos el estante de sendas alcayatas puestas con tacos en la pared a igual altura (esta operación la realizará una persona adulta).

Para un estante aún más sencillo, las varas pueden sustituirse por un tablero cortado a medida (sobrante de algún entarimado, o similar). En este caso bastará con limar y lijar los cantos, y practicar 4 entallas en la tabla para asegurar la posición de los cordeles que servirán para colgarla.

Colgador

Material:

Un cubo o una maceta grande

Una rama grande, nudosa y seca

Escayola

Arena

Agua

Cubo viejo de plástico para amasar la escayola
y vara de madera para removerla

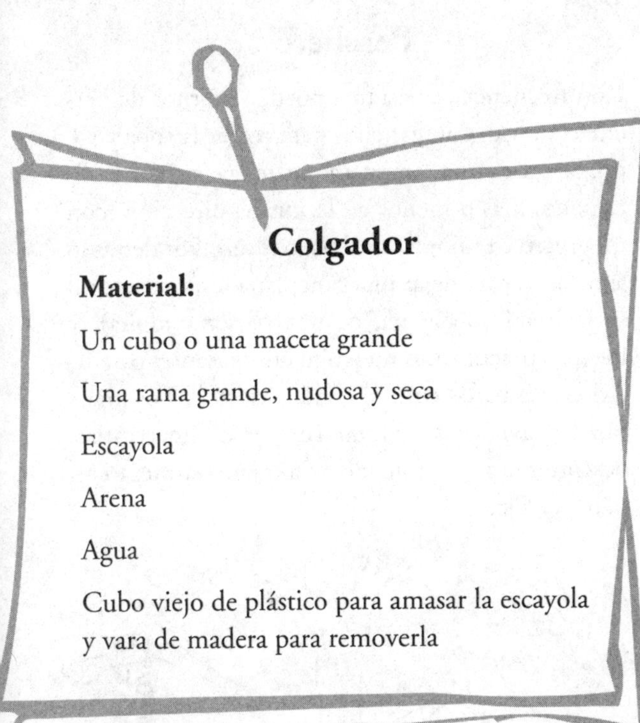

la primera porción unos 2 kg aproximadamente),
preparando la mezcla con agua según las instrucciones del fabricante y removiendo bien hasta que
no queden grumos. Colar sin demora la escayola en
el cubo con la rama, prestando atención a que ésta
no se mueva. La papilla fraguará enseguida. Preparamos más escayola (mezclándola con arena, si disponemos de ella, a fin de reducir el gasto de escayola) y seguimos llenando el cubo hasta cerca del
borde. Por último, espolvoreamos de arena la superficie de escayola, para que parezca tierra cuando
se haya secado. Hay que dejar el colgador varios
días sin tocarlo, hasta que endurezca la masa por
completo. Quitar los restos de arena suelta.

Éste es un mueble que nos servirá para colgar todas
las cosas que estorban: bolsos, máquinas fotográficas, equipos de deporte, etc. En este caso la realización es un poco más complicada, y se encargará de
ello todo el grupo.

Se necesita una rama seca, fuerte y con varias ramificaciones secundarias. Fácilmente la encontraremos en el bosque después del invierno, abatida
por la intemperie y ya descortezada. Debe ser una
rama seca ya que de lo contrario pesaría demasiado;
en caso necesario la tendremos guardada un tiempo
hasta que se seque del todo, y la puliremos con la
lima y el papel de lija.

Preparar varios kilos de escayola y un recipiente
(cubo de metal, o maceta grande tapando el agujero del fondo con un disco de cartón). Introducimos
la rama y buscamos apoyo en la pared de manera
que permanezca hincada verticalmente dentro del
cubo. Llenamos a medias de guijarros o trozos de
ladrillo. La escayola se prepara en varias fases (para

Taburete

Con un poco de suerte, el guarda forestal o el aserradero nos podrán proporcionar algún pedazo de tronco, desbastado o no, que nos servirá sin necesidad de mayor manipulación como taburete sólido y prácticamente involcable para nuestro patio o jardín. La altura debe estar comprendida entre 20 y 40 cm. Lo dejamos a cubierto, en lugar fresco, para que se seque completamente, y luego pulimos la superficie que va a servir de asiento, por si tuviese alguna astilla. La madera de coníferas nunca alcanza un pulimento perfecto y además es posible que exude un poco de resina, en cuyo caso cubriremos la superficie con un redondel de tela cortado a medida y rebordeado. Si quieren los niños, pueden clavarle un listón vertical que haga de «respaldo».

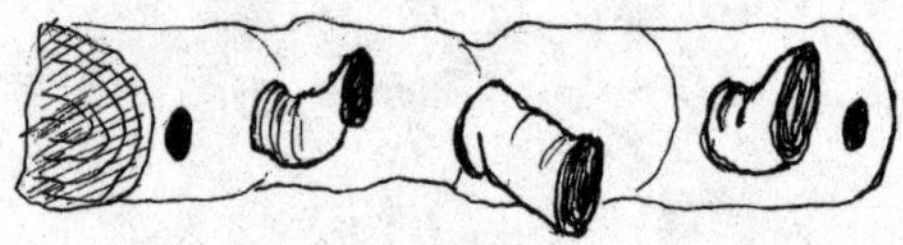

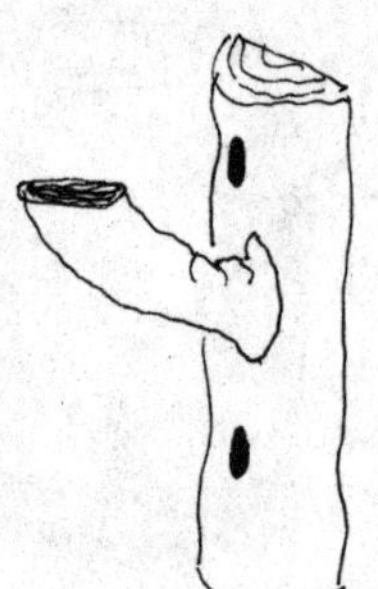

Perchero

Con frecuencia, una rama puede servirnos de perchero ya listo con ganchos para colgar la ropa y todo. Se busca una rama seca que tenga varias ramificaciones más o menos en la misma dirección (con un grueso de unos 5 cm sería lo ideal). Por detrás lo aserramos para dejar una cara plana (esta operación se realizará con ayuda de una persona adulta), y luego le practicamos unos agujeros pasantes para fijarlo en la pared con un taladro vertical. Los niños pueden ayudar aserrando las ramas innecesarias, descortezando y puliendo finalmente la pieza con papel de lija.

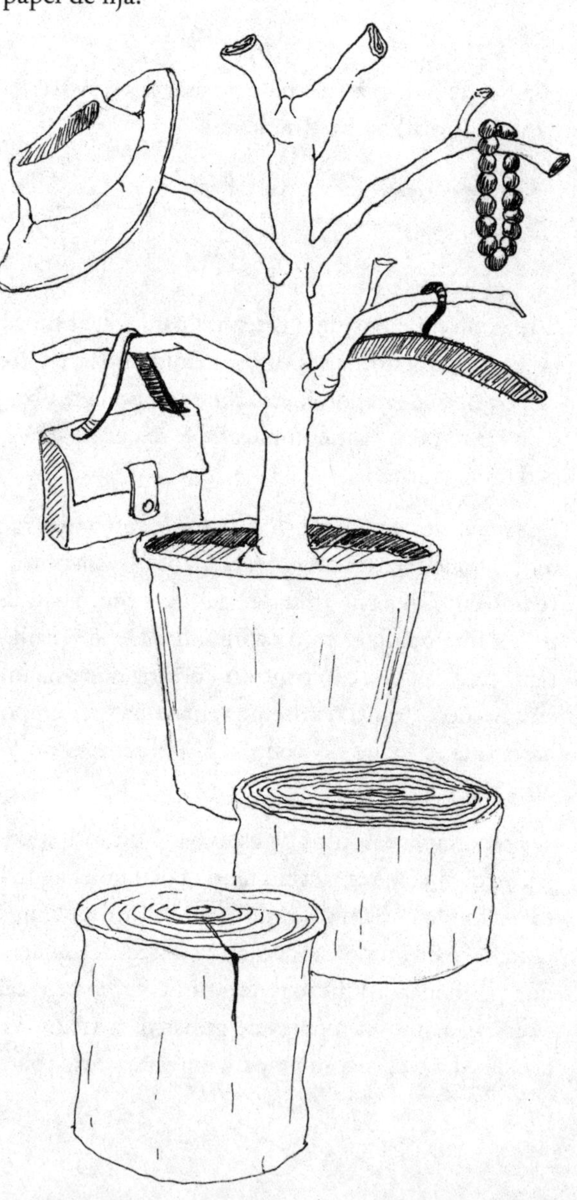

Una almohada de pepitas de cereza

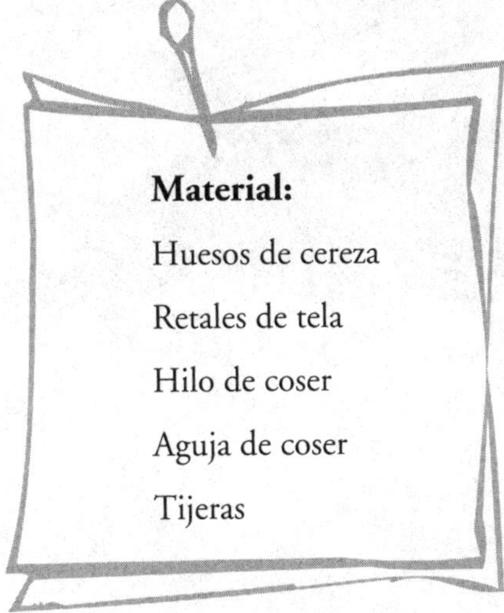

Material:

Huesos de cereza

Retales de tela

Hilo de coser

Aguja de coser

Tijeras

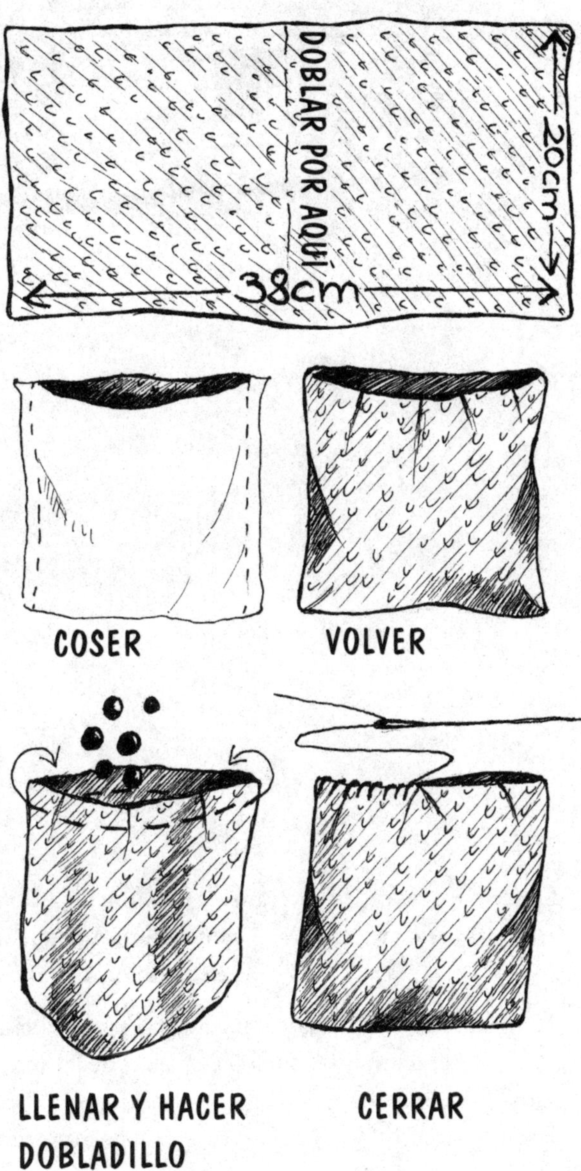

Esta confección sólo será posible en verano cuando se comen cerezas en grandes cantidades y, por consiguiente, podremos coleccionar un buen número de huesos. Cuando tengamos una jofaina llena de ellos, los pondremos en remojo durante algunas horas para limpiarlos por completo, los aclaramos con agua abundante y los secamos al sol.

Necesitaremos un retal de unos 20 × 38 cm doblado por la mitad. Lo volvemos del revés y lo cosemos a 1 cm del borde, por uno y otro lado, para formar una especie de bolsa. Le damos la vuelta de modo que se vea la cara «bonita» de la funda. La rellenamos de huesos de cereza, le hacemos un dobladillo de 1 cm y la cosemos. Si no se dispone de máquina de coser, de momento podemos dejar hilvanadas las costuras con aguja e hilo.

Los huesos de cereza retienen muy bien el calor. En invierno se deja la almohada sobre el radiador y luego, cuando nos acostemos, nos servirá de calentador, de manera parecida a una botella de agua caliente. En otros tiempos las personas resfriadas dormían con la almohada caliente sobre el pecho para aliviar la congestión.

¿Qué otra cosa puede hacerse con los huesos de cereza? Un concurso, naturalmente, a ver quién los escupe más lejos.

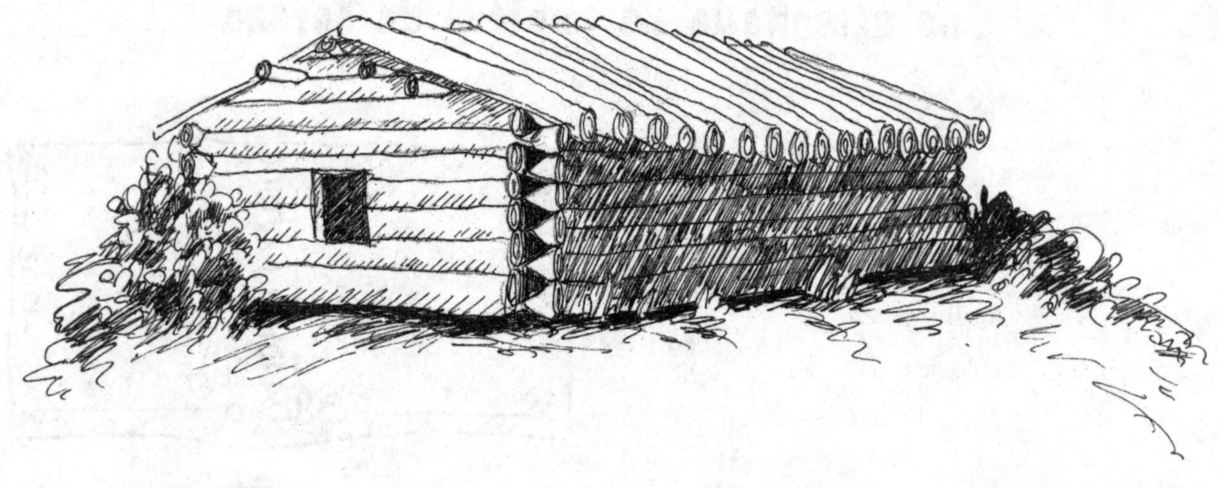

Vivir en los árboles

Desde hace siglos, en las regiones con mucho arbolado, se han construido de madera no sólo los muebles, sino las viviendas enteras. Algunos niños habrán visto refugios de madera en las montañas, y fotografías de casas típicas de las comarcas alpinas o nórdicas.

La madera se transporta y trabaja con más facilidad que la piedra. En Norteamérica, durante la conquista del Oeste, un trampero hábil era capaz de levantar una cabaña de troncos en una sola jornada. Para las paredes, se limitaban a superponer los maderos apenas desbastados, y provistos de ingletes en las esquinas. Las grietas se taponaban con puñados de musgo o con trapos.

Hoy las casas de madera vuelven a estar de moda, porque establecen ambientes interiores saludables, son bonitas y respetan el medio ambiente.

A los niños también les gustaría probar a vivir en una verdadera casa de madera. Pero la construcción de una cabaña auténtica suele ser impracticable, a falta de material suficiente. Algunas entidades excursionistas y grupos de proyecto facilitan a veces lugar y materiales, e incluso cabañas de bosque completas (recabar información en servicios municipales de la juventud, institutos y clubes privados).

Si nos conformamos con un abrigo improvisado, servirá la tienda de campaña en el bosque (con lonas o mantas viejas, montando la tienda sobre varas o tendida entre los troncos).

En el terreno del modelismo sí es fácil construir fieles reproducciones de las cabañas de troncos. Que el grupo recoja en el bosque muchas ramitas finas y redondas; además se necesita cordel, o bien clavos de marquetería, unas podaderas para cortar las maderas a medida, y un juego de limas. Si deseamos construir un verdadero «fortín» del Oeste, lo haremos al aire libre ya que es más fácil clavar estacas en tierra y construir una verdadera «empalizada» y todo lo demás. Los chicos mayores buscarán modelos étnicos en libros y tratarán de reproducir esas viviendas con sus tejados de casa. Algunos pueblos viven en palafitos que son viviendas levantadas sobre estacas en el agua.

El corcho

Sabemos que este material sirve para aislamiento término y acústico de paredes, para revestimiento de suelos y, naturalmente, también para fabricar tapones. El corcho es la corteza del alcornoque (*quercus suber*), un árbol de la familia de la encina, abundante en el Mediterráneo occidental (Portugal y España). Gracias a su gruesa corteza impermeable, el árbol resiste un clima muy caluroso. Esta corteza se retira y se trata al vapor para flexibilizarla y moldearla.

Es de crecimiento muy lento. El alcornoque empieza a rendir económicamente a los veinte años, y luego se le descorteza una vez cada dos años.

Los restos y desperdicios de corcho se recuperan ya que son aprovechables como material aislante. Además se caracteriza por ser ligero (flota en el agua) y muy resistente, ya que no se degrada ni siquiera en las estaciones de compostaje.

Bricolaje con el corcho

En las viviendas el corcho por lo general se acumula en forma de tapones de botellas. Para muchos trabajos manuales, ante todo hay que practicarles un agujero. A este efecto, lo mejor es montarlos de uno en uno en el taladro vertical y pasarlos con la broca de 5 mm. Este agujero se cierra enseguida pero más tarde lo abriremos de nuevo fácilmente con una aguja de hacer calceta.

Según el número de tapones de que dispongamos, abordaremos la construcción de diversos objetos.

Adorno para ir a la piscina

Una hilera de tapones enhebrados en un hilo delgado da un collar que nos dejarán llevar en la piscina.

Almohadilla de asiento

Atamos los corchos para formar una superficie del tamaño del asiento. Para ello se anudan todos los corchos en hileras de a dos, luego se colocan éstas las unas junto a las otras y se atan con otros trozos de cordel más cortos. Es un asiento excelente para sentarse en el suelo durante las excursiones, y también sirve para colocar la bandeja caliente del horno sobre el mantel. Para atarlos usaremos un ovillo de cordel de fibra natural y una aguja gruesa de hacer calceta o de coser tapices.

Figuras

De manera parecida crearemos con la colección de corchos varias figuras para la bañera o el estanque. Para unir los montajes lo más sencillo es usar palillos redondos. Para cortar los corchos a medida, se empleará un cuchillo de cocina bien afirmado, pero ¡cuidado con los dedos! A fin de clavar los palillos, marcaremos previamente el agujero con un punzón de carpintero o con un clavo.

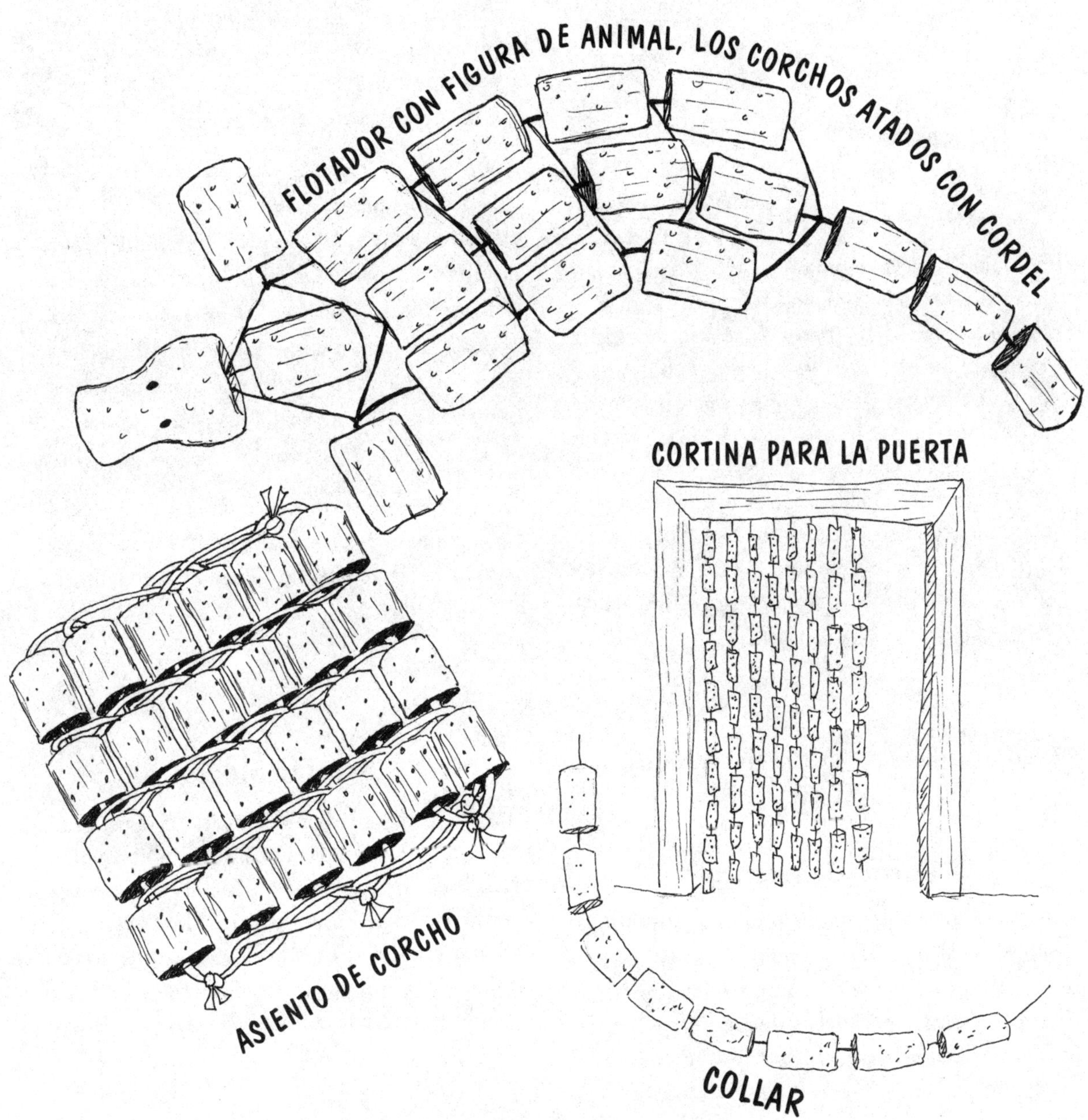

Árboles olorosos

Los aromas y perfumes también son materias primas: muchos niños conocerán los de origen arbóreo, como el pino de los ambientadores y sales de baño, el eucalipto que se inhala para descongestionar las vías respiratorias, el espliego (lavanda) y el sándalo de los jabones de olor, el limón de los detergentes domésticos, el azahar (flor del naranjo) en los perfumes. Pero el propio bosque natural también exhala un aroma seductor, sobre todo en los días calurosos del estío, y también después de un chubasco. Al igual que otros muchos vegetales, muchos árboles contienen aceites esenciales, que son bolitas minúsculas de aceite que despide un aroma intenso. Los más fuertes son los de las coníferas (pino, abeto, cedro, alerce, enebro). A veces también las maderas y las cortezas despiden olor. Los muebles hechos de madera de tilo o de pino llevan los aromas del bosque al ambiente de la vivienda para muchos años. Unos trozos de madera de cedro o de sándalo puestos en los cajones de los armarios ahuyentan los insectos.

En algunas especies de árboles y arbustos lo más perfumado son las flores: es el caso de las lilas, el jazmín (venenoso), el saúco, el mundillo (venenoso), el torvisco (venenoso), el espino albar. La resina, es decir la savia del árbol que mana de las heridas, huele intensamente a bosque. El incienso que se quema en las iglesias es una mezcla de resinas de varios árboles del Próximo Oriente y de Asia. También es oloroso el musgo de las encinas.

Muchos aromas de la cocina, más o menos exóticos, como el de las cáscaras de naranja y limón, la canela, el clavo de olor y el laurel, son asimismo de origen arbóreo.

Vamos a perfumar el «medio ambiente» que nos rodea.

Punto de lectura

Guardar entre las páginas de los libros, a modo de «punto» de lectura, algunos hojas olorosas (laurel), una ramita plana (abeto) o una ramita con flores (jazmín). Estos especímenes, incluso secos y planos, recordarán siempre el árbol del que proceden.

Acertar olores

Para este juego guardamos tarros de yogur, que se rellenarán con trozos de cáscara de limón, agujas de pino, bayas de enebro chafadas, canela, trozos de corteza reciente, hojas de saúco, hojas de laurel, etc., una especie en cada tarro y dependiendo de la temporada. Los niños olfatearán y tratarán de adivinar a ciegas lo que contiene cada recipiente.

Saquito de olor

Pasar porciones de popurrí (véase el apartado siguiente) a unos retales de tela estampada o pañuelos que sean bonitos, y atarlos con un lazo formando saquitos, que servirán para perfumar los armarios.

Popurrí

Proviene del francés *pot pourri*, y en su origen significaba «olla podrida», es decir el cocido típico en el que se echaba toda clase de carnes, verduras y legumbres. En este caso se refiere a una mezcla de olores agradables que sirve para ambientar las habitaciones. Incluso se enriquece con unas gotas de aceite esencial, si tenemos posibilidad de conseguirlo. Para la mezcla se usan cortezas de naranja y limón (cortadas en espiral), canela en rama, clavos de olor chafados, ramitas de coníferas, bayas de enebro chafadas, cortezas olorosas (de tilo, por ejemplo), maderas de olor (incienso, sándalo). Se llena un cuenco y se recubre de elementos vegetales decorativos como piñas de pino o abeto, hojas verdes y cortezas recortadas en espiral.

Bolas de limón

Tienen mucho efecto decorativo los limones con la piel tallada. Para hacerlo con facilidad deben ser muy frescos. Hay que agarrar el limón con fuerza mientras sacamos la figura con el cúter (cortando siempre de dentro afuera, lejos del cuerpo). Puede ser una espiral, una estrella o cualquier otra que nos sugiera la fantasía. El filo del cúter no debe herir la pulpa del fruto. Estos limones pueden colgarse de un cordel, pasando un anillo a través de la cáscara, o los reunimos en una fuente, o se añaden al popurrí.

Estrellas de piel de naranja

Las cáscaras de naranja y de mandarina son demasiado bonitas para desperdiciarlas. Recortar trozos grandes, de una sola pieza, y puestos sobre la madera de cortar embutidos confeccionaremos estrellas y otras figuras. Estas «estrellas ambientadoras» las colocamos sobre un plato de vidrio o las colgamos de hilos cerca de un radiador de la calefacción. Las pieles se secan pronto pero no pierden su alegre colorido.

Postales de felicitación perfumadas

Con hilo fuerte y una aguja de hacer calceta se fijan sobre una tarjeta diversos elementos vegetales (hojas, ramitas de abeto, trozos de varillas o plaquitas de sándalo). Para agujerear la tarjeta es aconsejable colocarla sobre un trozo de cartón grueso. En vez de hilo, también se puede emplear un adhesivo doméstico (que no sea intoxicante).

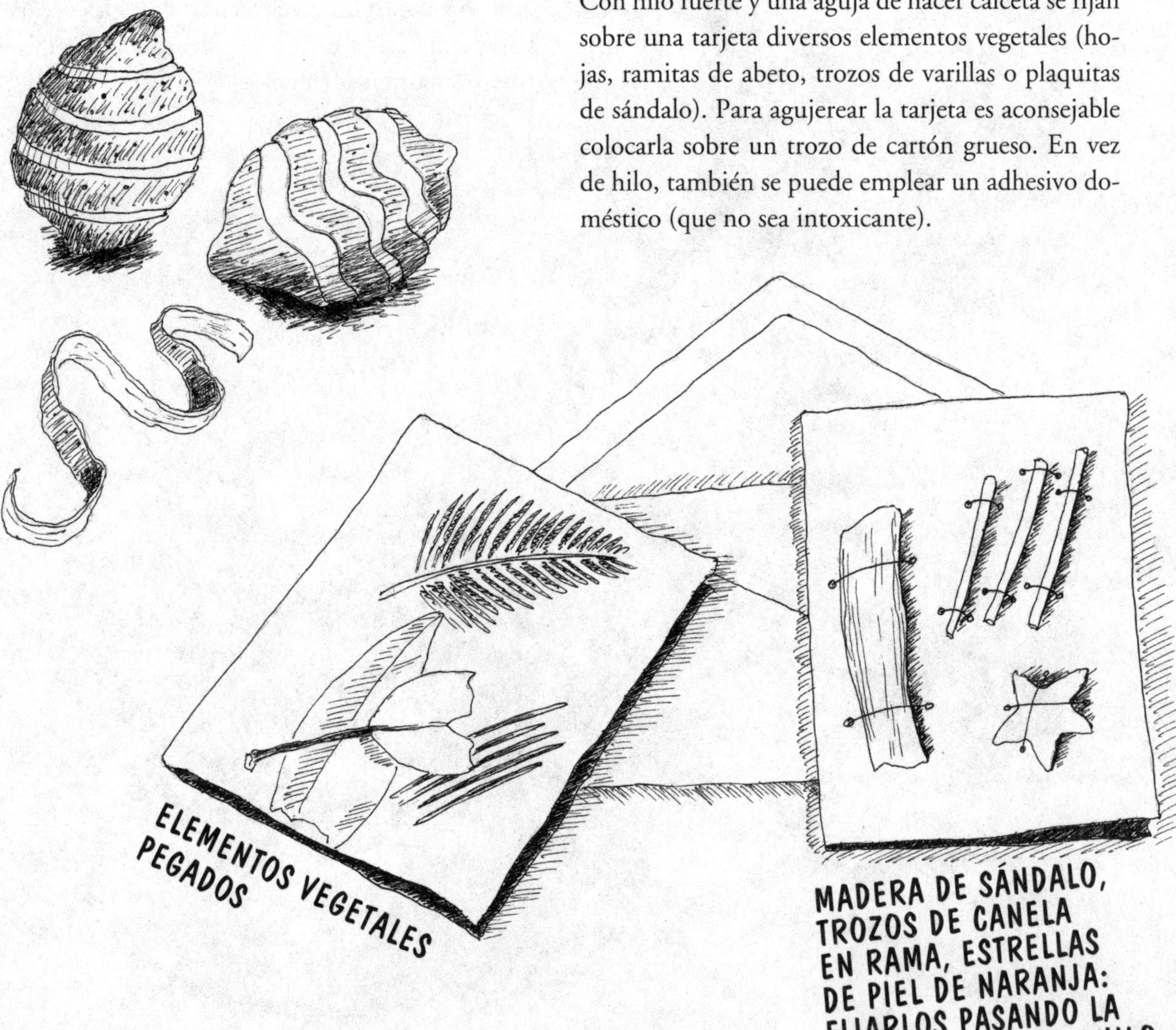

Baño con esencias

Un baño relajante para las personas fatigadas se hace con agujas de pino o de abeto; si ha de ser tonificante, con las inflorescencias color verde claro que echan los abetos en primavera.

Raspar la rama de pino o de abeto para desprender las agujas (pueden conservarse hasta un par de días). Ponerlas en una jofaina con agua clara si están muy polvorientas. Para un baño no del todo lleno basta una cacerolita de agujas. Se echan en una olla limpia y se escaldan con 1 a 2 litros de agua hirviendo (esta operación la realizará una persona adulta). Se tapa y se deja reposar un cuarto de hora, después de lo cual puede añadirse la infusión al agua del baño.

Sahumerios

En invierno, colocamos una bandeja o un plato de metal con ramas de abeto o de enebro sobre el radiador de la calefacción. Tan pronto como se calienten empezarán a difundir fuerte aroma. Pero debe quedarse al menos una persona en la habitación, para evitar accidentes.

En otros tiempos era costumbre, en invierno, echar ramas de abeto a la chimenea para perfumar el ambiente. Podemos quemarlas en una bandeja de aluminio o en un trozo de papel de aluminio, del que se usa para envolver alimentos (y que es material reciclable). Se recortará un trozo de tamaño suficiente para evitar que caigan brasas al suelo. Las ramas humean un rato y esparcen su olor intenso por toda la habitación.

Bloques de cedro

Tiene esta madera una fibra muy decorativa. Se vende en las tiendas de cosméticos naturales, y se talla fácilmente con una simple navaja de bolsillo. También admite la lima, el taladro y la pintura. Montar la pieza en el tornillo de bajo y trabajar siempre del cuerpo afuera. Enhebradas las piezas en un hilo, se tiene un regalo bonito y original. Unos trocitos de cedro en los cajones del armario evitarán la presencia de la polilla, y su perfume se mantiene durante años. El trabajo de máquina lo harán las personas adultas, y los niños se encargarán de la decoración pintada: se da una primera capa de blanco, y sobre ésta los colores.

Hay más esencias arbóreas de utilidad práctica:

El nogal, el castaño, el enebro, el tilo, exhalan aromas que ahuyentan a los insectos. En los parques y merenderos al aire libre hallaremos a menudo estas especies que dan sombra a los bancos donde se sienta el público.

Árboles de lejanos lugares

Muchos de los derivados del árbol que forman parte de nuestra vida cotidiana son importaciones de remotos países. Basta con mirar a nuestro alrededor:

Los frutos (ananá llamada piña americana, mangos, aguacates, papayas, aunque ahora muchos sean oriundos de nuestro país por el sistema de cultivo bajo cubierta de plástico), los muebles de maderas exóticas (embero, caoba, teca; pero muchas veces, hasta los sencillos tableros de madera de abeto o de pino vienen de los países escandinavos o de Rusia), los productos cosméticos (aceite de aguacate, jabones de maderas orientales), adornos de maderas exóticas o de corteza de coco, etc. Para recordarlo confeccionaremos un *collage* con diversas muestras, o dibujaremos un gran cartel (también podemos confeccionar un cartel recortando fotografías de revistas antiguas).

Por último, buscaremos en el atlas o con ayuda de carteles de especies botánicas cuál es la procedencia de todos esos materiales exóticos y qué otros árboles notables se encuentran en el mundo. Las imágenes de la selva amazónica, de grandes plantaciones, etc., facilitan la comprensión, y no olvidemos tampoco los grandes bosques nórdicos de coníferas.

Un concepto resulta de todo esto con diáfana claridad: los bosques de otras regiones del mundo son muy diferentes de los nuestros. Vamos a elegir uno de los ejemplos más espectaculares:

La selva tropical húmeda

En las regiones del planeta próximas al ecuador, donde reina todo el año un clima cálido y húmedo, prolifera un bosque húmedo impenetrable con una infinita variedad de especies vegetales, desconocida en nuestras latitudes. Y ello es tanto más prodigioso, por cuanto la tierra de estos bosques consiste en una capa muy delgada de humus, y aquellos árboles gigantescos han de desplegar extensos sistemas de raíces horizontales para agarrarse al suelo.

Los árboles de menor talla y los jóvenes apenas reciben luz, por lo que se adaptan y de ahí esas hojas verdes anchísimas. En otras especies, la adaptación consiste en hacerse trepadoras, que se encaraman a los troncos de los árboles más vigorosos, aunque no necesariamente parasitándolos: éstos son los vegetales «epifitos» que, importados, adornan en ocasiones nuestros balcones y jardineras. A veces, esas plantas tienen hojas en forma hueca, que recogen como cazuelitas el agua y el humus, lo que a su vez hace posible la subsistencia de renacuajos y ranas pequeñas.

Hay 3 especies de bosque tropical:

El *bosque húmedo perenne* se halla en las cotas más bajas, de clima muy lluvioso, y es el que corresponde exactamente a la idea de la «selva virgen» que tenemos. Los árboles alcanzan a menudo tallas superiores a los 50 metros y si bien cambian las hojas, no lo hacen todas las especies al mismo tiempo y por eso el bosque se presenta siempre verde. En todo el mundo hay 4 millones de kilómetros cuadrados de este tipo de bosque, correspondientes a las cuencas del Amazonas y del Orinoco, a la costa del África Occidental, a Tailandia, Malasia e Indonesia llegando incluso hasta la costa oriental de Australia. En las regiones montañosas, conforme vamos ganando altura la selva cobra carácter de bosque alpino.

El *bosque húmedo caduco* (unos 2,5 millones de kilómetros cuadrados en el planeta) tiene una estación seca bien definida, y que dura entre 2 y 5 meses. Durante esta temporada los árboles cambian la hoja, lo mismo que nuestras especies caducifolias.

El *bosque tropical seco* constituye la inmensa mayoría, con más de 5 millones de kilómetros cuadrados. La estación seca es larga y durante la misma los árboles, que son relativamente pequeños (hasta 20 m de talla) también cambian todo el follaje.

¿Qué nos importan los bosques de otros continentes? ¿Por qué se habla tanto de ellos?

En primer lugar, contienen una reserva enorme de especies vegetales y animales, que en muchos casos ni siquiera se han explorado todavía por completo. En la Amazonia, por ejemplo, se hallan más de 500 especies arbóreas por hectárea de terreno (a comparar con unas 60 en las regiones centroeuropeas). Hay también muchas plantas medicinales conocidas y por conocer. Segundo, el bosque tropical influye en el clima de todo el planeta, lo que incluye el nuestro. La gran masa forestal desprende tanto vapor de agua, que llega a formar nubes y éstas son arrastradas por los vientos hasta que descargan en otros lugares. Si llegasen a faltar esos bosques, todo el régimen climático de la Tierra quedaría trastornado.

Además los árboles filtran la contaminación atmosférica y reponen el oxígeno que consumimos.

Deberíamos aprender de los habitantes de la selva cómo se aprovechan las posibilidades de la naturaleza sin dejar de respetarla. La selva les proporciona todo lo que ellos necesitan para vivir.

¿Cuáles son esas cosas? Tenemos ahí un tema para la reflexión: vestimenta, alimentación, medicamentos, armas y herramientas, material de construcción para viviendas y refugios. Pintamos una cabaña con todos sus enseres, dotada de juguetes y de todas las comodidades, pero hecha exclusivamente de madera, corteza de coco, ramajes, hojas y demás por el estilo.

A lo mejor será una ocasión para hablar de las iniciativas a favor del tercer mundo y de «comercio justo» que procuran la comercialización directa de los productos tropicales (el té, el café, el cacao). Que los niños deliberen sobre cuáles son los productos arbóreos indispensables y cuáles les parecen prescindibles.

Después de estas consideraciones previas, pasamos a interpretar el tema mediante prácticas:

Jornada del árbol tropical

Esta actividad es más indicada para los días de invierno, cuando los árboles autóctonos «duermen» y como no están muy vistosos, no invitan mucho a la contemplación.

Después de estudiar en relatos e imágenes los bosques y el arbolado de las regiones exóticas de nuestro planeta, saldremos de expedición por la ciudad.

Los niños salen de mañana como «expedicionarios» y provistos de bloc de notas, lápices de dibujo, lupa, etc., para visitar la sección tropical del jardín botánico municipal más próximo. En el invernadero podrán observar directamente las especies exóticas, y también experimentar el clima tropical, húmedo y caluroso. Según la temporada, algunos de los árboles exhibirán sus flores y frutos.

Por último haremos una visita al mercado, a ver cómo está provisto en materia de productos arbóreos de origen tropical: ¿qué frutas, frutos secos, legumbres, flores secas (que muchas veces se expenden como material para decoración) llegan hasta nosotros? Reuniendo fondos a lo mejor compraremos algunos especímenes.

A mediodía y una vez de regreso, quizá tengamos productos suficientes para preparar una macedonia de frutas, o para tomarnos un té rooibos (que es un arbusto). Durante el almuerzo los niños contarán sus aventuras en la «selva ecuatorial».

Por la tarde recogemos los huesos de las frutas consumidas y los coleccionaremos para intentar su plantación. Cuanto más abundante sea el material recogido, mejor, porque nunca van a germinar todas. Una posible alternativa es intentar el cultivo bajo cristal.

Golosinas exóticas

Leche de coco
Ingredientes:

Coco rallado

Agua

La leche de coco es el líquido que contienen al abrirlos. Como la cantidad es pequeña, vamos a preparar un refresco que tiene un sabor parecido. El coco se abre aserrándolo para la mitad y luego se rompe con un martillo (aquí se precisa la ayuda de una persona adulta). Tras separar la pulpa de la cáscara, desmenuzamos la pulpa con la parte más fina de un rallador de cocina. Para cada vasito de refresco calculamos unos 50 g de ralladuras con 0,2 l de agua, calentamos hasta que rompa a hervir y le damos todavía un breve hervor más, reduciendo el fuego. Luego lo pasamos por el colador y se sirve frío. Tiene sabor dulce aunque no se le añada azúcar.

Por cierto, la pulpa del coco también puede consumirse cruda, cortándola a tiras, o frita en la sartén. Algo más complicados de preparar son los fideos de coco, que se obtienen con la parte gruesa del rallador.

Macedonia de frutas tropicales
Ingredientes:

Alguna especie exótica

Pomelo rosa, naranja, ciruelas, etc.

Dátiles, higos, orejones

Frutos secos (avellanas, almendras, nueces)

Ralladuras o tiras de coco

Canela, vainilla, etc., al gusto

Hay que proveerse de frutas exóticas (mango, por ejemplo) y añadimos algo de pomelo, naranjas, ciruelas, etc. Todo estriba en combinar las frutas dulces, carnosas, de consistencia feculenta, con las ácidas y jugosas. Se cortan a dados, y se añaden también frutos secos (nueces, por ejemplo) y frutas confitadas (guindas, pieles de naranja) cortadas a dados. También ralladuras o tiras de coco y, si se quiere, aromatizar con una pulgarada de canela, vainilla. Añadir un poco de zumo de naranja y servir en medias cáscaras de naranja. También se puede cortar la fruta a dados un poco más gruesos y servirla en pinchos de madera como los que se usan para las carnes.

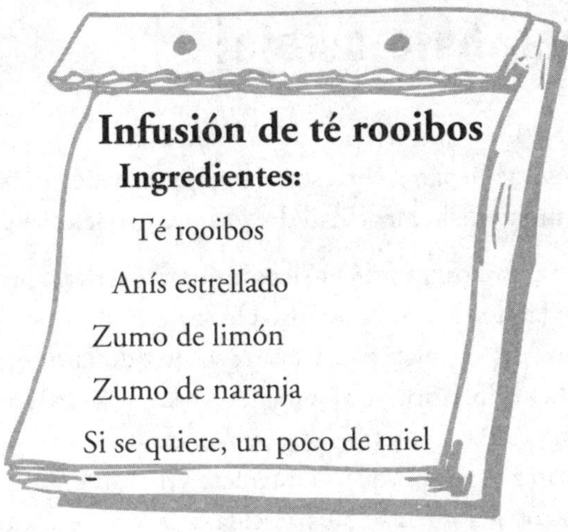

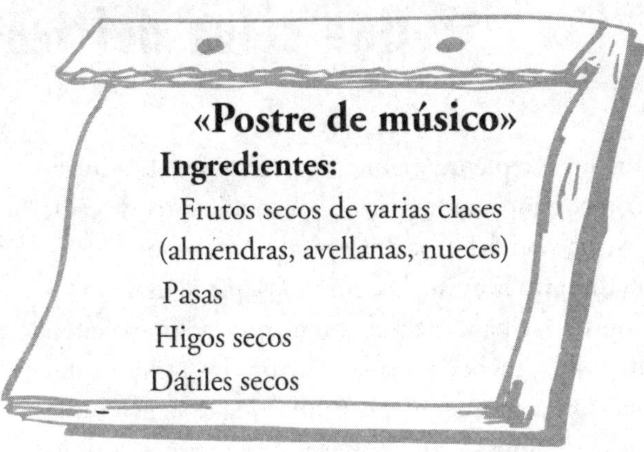

El té rojo o té rooibos proviene de un arbusto sudafricano y es muy saludable. Tiene un sabor parecido al del té, pero no contiene teína. Para cada taza $\frac{1}{2}$ cucharadita de té y un trozo de anís estrellado. Echar agua hirviendo, cubrir y dejar en infusión unos 10 minutos. Se sirve caliente o frío con un chorrito de zumo de limón y otro más abundante de zumo de naranja. Los más golosos pueden añadir 1 cucharadita de miel.

Mezclar la mayor variedad posible de ingredientes y servir en cuencos hechos con media cáscara de coco (véase la pág. 46).

Árboles nacidos de granos y semillas

Muchos huesos y pepitas de frutas exóticas germinan con facilidad.

Los huesos de los dátiles y las pepitas de los mangos se plantarán en macetas que los niños habrán rellanado de tierra corriente de jardinería. Y como estos vegetales son oriundos de países cálidos, al principio les pondremos un gorro de plástico transparente, después de practicarle varios agujeros. En cuanto a las pepitas de los limones y las mandarinas, si las vemos un poco verdes podemos tratar de que germinen poniéndolas varios días en un cuenco de vidrio con algodón humedecido, y tapando todo con un plato de vidrio colocado del revés. En caso de éxito, luego las trasladaremos a unas macetas y las pondremos en lugar caliente.

El hueso del aguacate se pincha tres veces por la parte más gruesa para clavarle unos palillos, que servirán para tenerlo sumergido hasta la mitad en un vaso con agua. Al cabo de un par de semanas habrá echado raicillas y hojas. Si queremos que la planta crezca vigorosa y abundante, podamos la parte superior.

Los plantones deben estar siempre en un lugar con luz y calor.

Una selva del trópico bajo cristal

En un recipiente grande de vidrio se reproducen con bastante aproximación las condiciones de calor y humedad del bosque tropical húmedo. Se necesita un tarro muy ancho, como los que se usan en las confiterías para guardar caramelos, o un botellón de cuello ancho. En colaboración, los niños se dedicarán a rellenarlo. En primer lugar se echa una capa de unos 2 cm de arena gruesa, y luego unos 10 cm de tierra de jardinería rica en abono. La capa de arena sirve para absorber el exceso de humedad evitando la pudrición de las raíces. En este recipiente se pueden sembrar auténticas plantas tropicales, como la bromelia, o introducir un esqueje de cualquier planta de interior corriente que sea amiga de la humedad. Si tenemos algún vecino amante de las flores, sin duda estará dispuesto a regalarnos algo de lo que le sobre, nos ayudará a elegir y nos dará consejos útiles. Lo ideal son las especies de crecimiento lento, para que no se llene el recipiente demasiado pronto. Con ayuda de una varilla, practicamos un agujero en la tierra y los niños colocarán con cuidado la semilla o el esqueje, empujando con la misma varilla para, finalmente, apisonar un poco la tierra alrededor de la raíz. No hay que llenar en exceso: el conjunto debe ocupar la mitad de la capacidad del recipiente nada más.

Le damos un primer riego a nuestra «selva», pero cuidando de no inundarla. Hecho esto tapamos la boca del recipiente con un trozo de celofán u otra película plástica, tras pincharla varias veces para agujerearla. Durante varias semanas no va a ser necesario regar, porque se establece en el interior del frasco una circulación parecida a la del auténtico bosque ecuatorial. Las plantas absorben el agua y con ella los nutrientes del suelo que lleva disueltos, pero luego la «exhalan» de nuevo a través de las hojas, devolviéndola a la atmósfera interior del recipiente. La humedad precipita en las paredes y sobre las hojas como una especie de rocío o lluvia. Ésta humedece la tierra y, una vez más, es absorbida por las raíces. Se coloca todo en un lugar bien iluminado pero no excesivamente caluroso. Cada dos días los niños irán a mirar, a ver si las plantas prosperan. Si se ha podrido alguna hoja, se quita. El ciclo en el interior del recipiente no es perpetuo, sin embargo. Al cabo de un año, aproximadamente, se habrán agotado los nutrientes y será preciso abonar la tierra.

Bricolaje con cortezas de coco

No es mala idea guardar las cáscaras de los cocos que se van consumiendo durante todo el año, ya que sirven para numerosas actividades manuales. Que una persona adulta abra el coco utilizando una sierra fina de marquetería, bien sea cortándolo por la mitad o quitándole sólo la cúpula. Con esto se fabrican muchos enseres e instrumentos.

La cáscara es muy dura y admite pulimento.

Aunque los niños sean todavía pequeños, se distraerán arrancando los pelos de la cáscara y puliéndola con limas pequeñas y papeles de lija. Si queremos que los objetos tengan cierto aspecto «selvático», dejaremos la cáscara con su cabellera de fibra; si la quitamos y alisamos la superficie exterior, podremos colorearla y decorarla.

Las cáscaras cortadas por la mitad dan copas para beber, cuencos para poner golosinas o macetas pequeñas. Si se corta una cúpula superior tenemos un recipiente para tomar infusiones, o un joyero con tapadera (lijando una cara plana en la base para que no se tumbe). Puede colgarse practicando tres agujeros cerca del borde superior para pasar un cordel, y entonces tendremos un florero que se tiene junto la ventana, y también sirve para criar pequeñas plantas de interior.

Si la cáscara se hace cisco al tratar de abrirla, tampoco es un daño irreparable. Los trozos se pulen y se les pega un imperdible en el reverso, con lo que tenemos un broche, una vez hayamos decorado la superficie. O les practicamos dos agujeros para enhebrarlos y hacer un collar de fantasía. El pulido de la cáscara es un trabajo que requiere bastante paciencia, más indicado para niños un poco mayores.

Incluso los pelos o fibras ásperas exteriores de la corteza son aprovechables. La industria los utiliza para fabricar cuerdas, cepillos y esteras. Los niños pueden atarlas al extremo de un palito a fin de fabricar un pincel, que les servirá para pintadas experimentales.

Bricolaje con caña de bambú

Se cría en nuestras latitudes y podemos verla en algunos jardines. Es una planta de la familia de las herbáceas, aunque en Asia llega a alcanzar varios metros de altura y a formar bosques extensos y bastante espesos. Los tallos son huecos por dentro, están divididos en segmentos, son rígidos y excepcionalmente duraderos. El bambú admite el trabajo con la sierra, la lima y la lija. Además de flautas, mangos, estanterías y bastones, se construyen con las cañas más gruesas incluso edificaciones de varios pisos.

Juego de enseres de escritorio

Hay que procurarse una caña de bambú que tenga por lo menos 4 cm de diámetro. Como siempre, las piezas se fijan en un tornillo de banco para trabajarlas. Se corta un trozo de caña de 6 a 10 cm de largo, cerrado por un extremo como muestra el dibujo. A continuación hay que limarlo y lijarlo con cuidado para no dejar bordes cortantes. Se aplanará la base para obtener un recipiente estable. A continuación cortamos otro segmento, de unos 15 cm de largo, que no tenga nudos, y de éste recortamos la figura de una hoja de cuchillo. Lijamos los bordes y afilamos la punta. Servirá de abrecartas y se guardará en el recipiente de caña. Con una punta metálica grabaremos figuras en la superficie de éste y teñiremos las incisiones pintándolas con tinta de color o tinta china; el sobrante se quita con un trapo húmedo.

El recipiente servirá para guardar el abrecartas, y también lápices (o barras de caramelo).

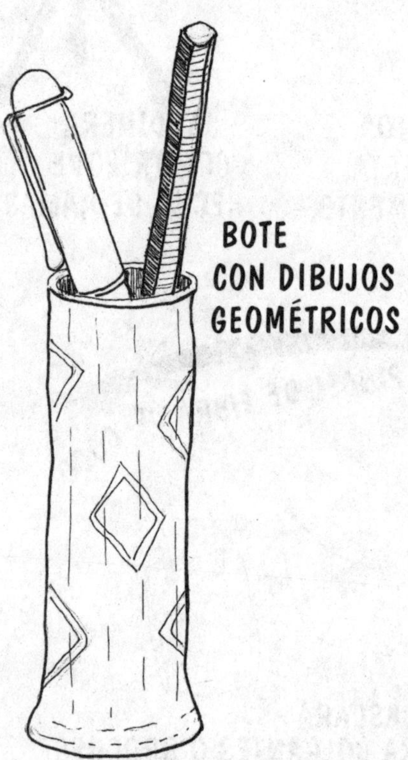

Cosas que hacemos con los árboles

Juegos alrededor de los árboles

En las propuestas siguientes, los árboles proporcionan el material para los juegos, o son compañeros de juego ellos mismos. El interés consiste en la improvisación y la abundancia del material. Cualquier excursión o merienda puede animarse así con abundantes diversiones.

Juegos

Muchas veces, los juegos más sencillos son los mejores. Las cuatro esquinas, o trepar, o una carrera de obstáculos a través del bosque, o el juego del escondite, son pasatiempos conocidos en los que intervienen los árboles. Recordamos también los juguetes de madera tradicionales procedentes de las más diversas etnias (como peponas, cochecitos con ruedas de madera, enseres en miniatura), que podemos imitar. He aquí otras propuestas.

«Memory» con cáscaras de nuez

Ésta es una variante del conocido juego del «memory». Se dispone un gran número de mitades de cáscara de nuez sobre la mesa, o en el suelo. Cada una de ellas contiene un objeto pequeño (avellana, bellota, guijarro, botón, etc.). Cada tipo de objeto aparece dos veces y cada uno de los jugadores tiene oportunidad de levantar 2 cáscaras, a ver si descubre dónde están los pares para quedárselos.

Selva con bejucos

Donde haya un grupo de árboles con ramas bajas y fuertes, colgaremos de éstas varias maromas, escalas de cuerda y columpios. Las personas adultas se encargarán de colgarlo y atarlo todo, para asegurarse de que estén sólidos. A continuación podemos dejar que entren en acción los «monitos» y los «tarzanes». Una escala de cuerda podemos fabricarla nosotros mismos con palos gruesos y sogas. Si se tiene la posibilidad de colocar colchonetas en el suelo, entre los árboles, podremos permitir que los artistas se dejen caer.

Salto de pértiga

Una rama gruesa, sólida y no demasiado larga, después de limpiarla de hojarasca sirve para saltar sobre los obstáculos que ofrece el terreno del bosque. Cuando nos damos impulso con la pértiga saltamos mucho más lejos. También se ofrece la posibilidad de organizar competiciones.

Bochas

Una piedra de 1 a 2 kg de peso, o un brazado de leña, se cuelgan mediante una cuerda fuerte de una
rama que se aparte bastante del tronco. El péndulo
debe oscilar a unos 10 cm de distancia del suelo.
Esta operación la realizará una persona adulta con
ayuda de una escalera de mano, para evitar accidentes. Un poco más allá, alineamos nueve estacas,
tarugos de madera o botes de hojalata vacíos. Los
jugadores de cualquier edad tratarán de derribar los
«bolos» con el péndulo. Lo mejor es formar dos
grupos e ir sumando las puntuaciones de cada ban-
do. Si se monta este juego en un jardín propio, se
puede dejar en su lugar durante todo el verano.

Mikado para gigantes

Recoger en el bosque muchas ramas de la longitud
del brazo, aproximadamente. En caso necesario,
alisarlas con la navaja y hacerles puntas en ambos
extremos. Les atamos trozos de hilo de lana de distintos colores que marcarán la puntuación (por
ejemplo, aro rojo = 3 puntos, aro azul = 2 puntos,
aro amarillo = 1 punto). Se juega por parejas. Uno
de los niños arroja todo el montón de ramas al suelo, y el otro va retirando palos uno a uno procurando que no se le derrumbe el montón. Cuando esto
suceda, permutan y gana el que haya conseguido
retirar más puntos.

Balancín

Con una tabla sólida de 3 a 4 m de largo, atravesa-
da sobre un tronco grueso caído en el suelo, pero
mirando que no se astille y que esté lo suficientemente pulida, para evitar lesiones y rozaduras.

Lanzamiento de aros

Con uno o varios mimbres flexibles formamos un aro de unos 30 a 40 cm de diámetro. Los extremos se atan con hilo. Estos aros vuelan muy bien y son fáciles de atrapar, los niños formados en corro. También se puede lanzar tratando de colgarlo en una estaca clavada en el suelo.

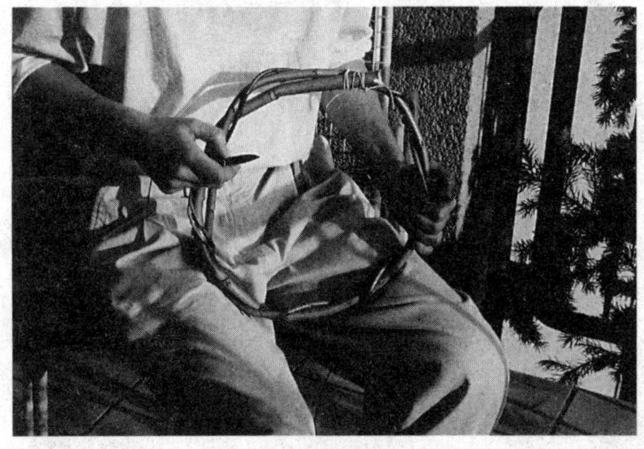

Lanzamiento de castañas

Un cubo o bote grande vacío colocado a cierta distancia, se trata de acertarle lanzando castañas desde una marca trazada en el suelo. Gana el que consiga mayor número de aciertos.

Otra variante

Con la raqueta del «badminton», lanzar objetos encontrados a la espesura del bosque, a ver quién alcanza más lejos (pero después de asegurarnos de que no anda nadie por ahí). Las castañas y sobre todo las ciruelas verdes caídas del árbol alcanzan vuelos notables.

Propulsor

Éste es un antiguo juego de habilidad.

Se atraviesa un palito sobre un hueco practicado en el suelo. Con un palo largo se intenta pasar por debajo y arrojar la pieza lo más lejos que se pueda, o apuntando a un círculo previamente trazado en tierra. O también hacia un grupo de niños, que tratarán de atraparlo al vuelo. Cuando hayan lanzado todos los jugadores de un grupo, les tocará el turno a los del otro.

Tú eres el árbol

Antes de comenzar el juego se comentan las cualidades y el aspecto característicos de los distintos tipos de árboles que se trata de emular. Si es el «sauce llorón», todos dejarán la cabeza y los brazos colgando; para el «abeto», abrirán diagonalmente los brazos. Los «pinos» suelen tener el tronco largo e inclinado, los «álamos» son largos y delgados (juntar los brazos y levantarlos al cielo). Para hacer la figura del robusto «roble», se plantarán en jarras con las piernas separadas, y cuando toque hacer de «álamo temblón» se pondrán a temblar, recordando cómo el menor soplo de viento agita las ramas y el follaje de estos árboles.

Uno de los chicos irá dando las voces de mando, y los demás ejecutarán la imitación. El que se equivoque o lo piense demasiado, paga prenda y por último tendrá que rescatarla haciendo algo que se le ordene.

Fútbol entre árboles

Todos los niños excepto uno se colocan delante de sendos árboles, que deberán guardar pero tocando siempre el árbol con alguna parte del cuerpo, sea una mano, un pie o la espalda. En medio de ellos, el que tiene la pelota tratará de tocar con ella uno cualquiera de los troncos, bien sea intentando el disparo largo o aproximándose a uno de los contrarios. Si lo consigue, el guardián del árbol tocado pasa al centro.

Juegos con castañas

Muchos juegos de tablero corrientes, como el tres en raya, pueden practicarse usando castañas y piñas, por ejemplo, como fichas. El tablero se traza en la tierra blanda (o lo llevamos en una hoja grande de papel, dibujado en casa).

Arco y flechas

Que cada niño busque una rama de 1 m de largo aproximadamente y unos 2 cm de grueso, que sea de consistencia flexible y elástica. En ambos extremos se practican unas ranuras, que servirán para anudar un cordel fuerte, dejándolo tenso. Para el mango, se envuelve la parte central del arco mediante una tira de cuero o de tela. Si ha de representar un arco indio, podemos adornarlo con plumas y abalorios.

Para las flechas hay que elegir ramas rectas de madera rígida, de unos 50 cm de largo. Se limpian de ramas secundarias y se aguza la punta del lado más grueso de la rama (este detalle es importante; las flechas de los hombres primitivos incluso iban provistas de una punta de piedra para darles capacidad de penetración). En el otro extremo practicamos una entalla para introducirle un trozo de pluma debidamente recortado. Sirve para estabilizar la trayectoria de la flecha. A falta de plumas puede recortarse un trozo de cartón en la forma adecuada. En este mismo extremo practicamos una ranura perpendicular a la entalla, que es donde se apoyará la cuerda del arco para darle impulso a la flecha y que no se escape.

Se practica apuntando a un disco de pórex que servirá de diana. *No apuntar jamás a las personas ni a los animales.*

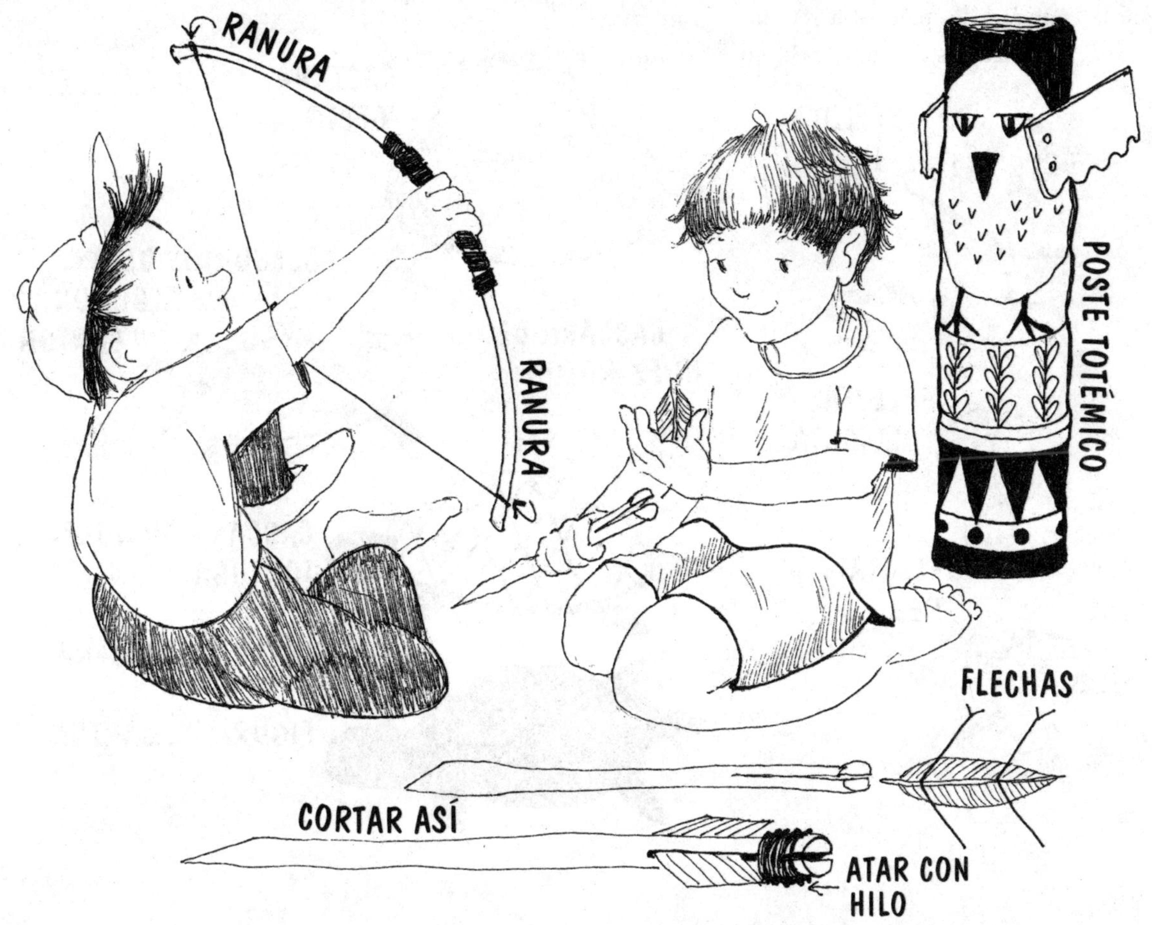

Un zoo en el bosque

En las edades del jardín de infancia muchos niños saben ya construir algunas figuras de animales. Los escolares son capaces de tallar complicadas figuras de corteza y de madera. De esta manera llegamos a formar un zoológico, o una granja completa. Las castañas y las bellotas frescas, marcando agujeros con una punta y clavándoles palillos, se transforman con facilidad. Súmanse a esto las figuras hechas con corchos. Los casquetes de las bellotas, las semillas y otros objetos hallados servirán para confeccionar alas y orejas.

Con trozos de madera y cortezas gruesas se tallan a navaja figuras ya mucho más perfeccionadas. La forma de la pieza en bruto nos dará la inspiración en cuanto a lo que puede hacerse con ella, de modo que la cantidad de material a retirar sea mínima. Pronto nos hacemos con un jabalí, un dinosaurio, un conejito sentado o un cocodrilo. Los animales planos de madera o corcho incluso flotan en el agua.

Las medias cáscaras de nuez se metamorfosean en tortugas, aves o ratones. Para ello, naturalmente, podemos añadir cordeles, cartones, papel y plumas naturales, y también pintar. La ilustración muestra algunas sugerencias.

La búsqueda de un entorno adecuado para jugar con esas pequeñas figuras es tan interesante como la construcción misma. En el bosque se hallan a veces oquedades entre raíces que parecen cuevas naturales, y agrupaciones de árboles que recuerdan un jardín mágico. El tocón de un árbol talado puede ser el «escenario» donde se muevan nuestros diminutos protagonistas.

Tienda en el bosque

La tienda puede montarse al aire libre, o en un rincón de la habitación. Todos los niños ayudarán a equiparla. Se procurarán varias cajas de frutas, de madera o cartón, para que sirvan de estantes y aparadores. El mostrador será una mesa infantil cubierta con un mantel viejo. Delante de él colocaremos varias cajas inclinadas. Con restos de papel de empapelar confeccionaremos una buena cantidad de «cajas de frutas» grapadas. Los cucuruchos pueden fabricarse pegando papeles viejos.

En cuanto al surtido de nuestra tienda, no tiene más límite que la fantasía: bayas, moras, bellotas de encina y de chaparro, ramos de hierbas y flores silvestres, trozos de corteza, ramitas, castañas, nueces, almendras, atados de hojas que simularán ser «lechugas» y «escarolas», etc. Un cajón con departamentos será la registradora. Las cestas de la compra se harán también de papel, si no encontramos cestitas de mimbre.

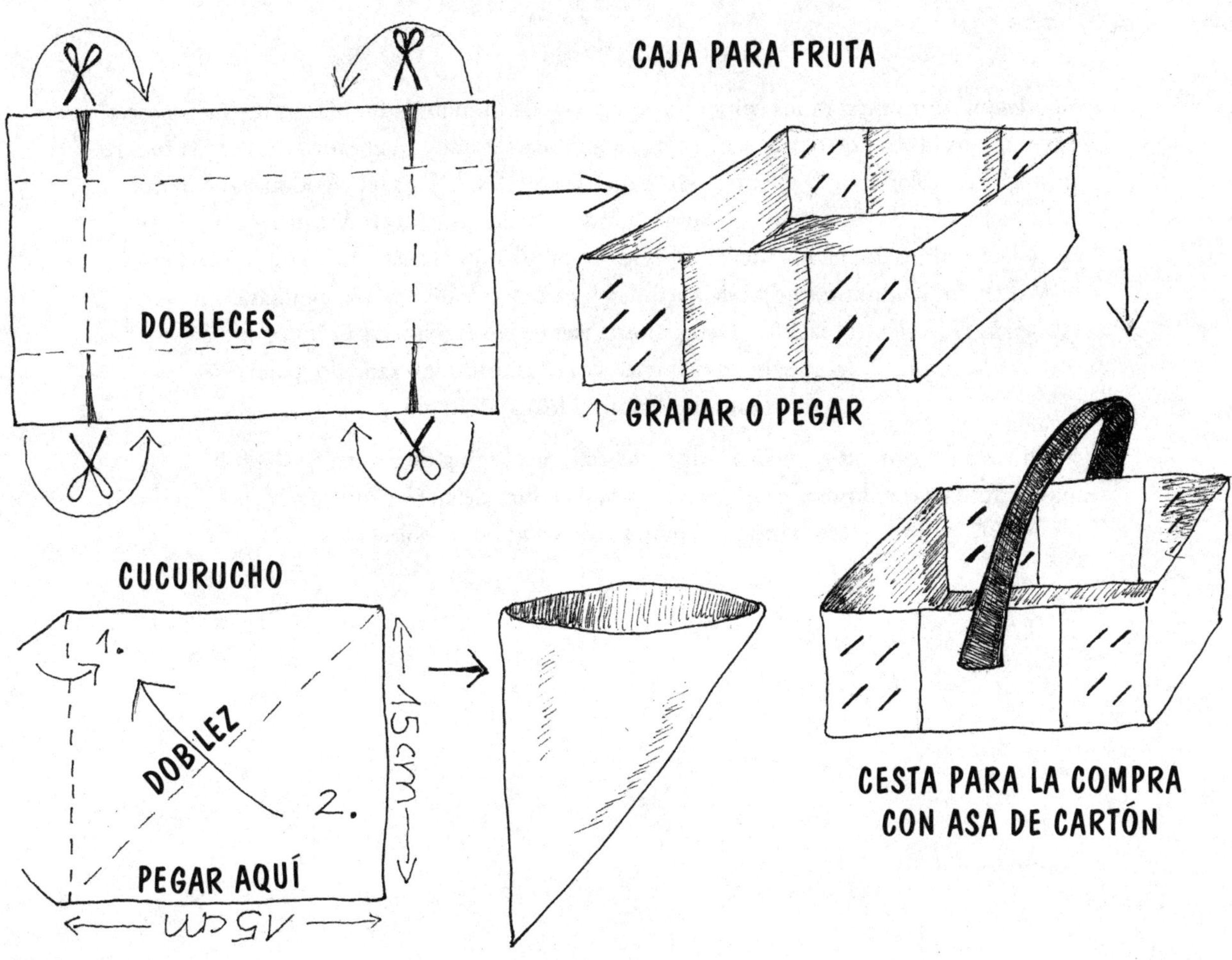

Los árboles y el arte

Las maderas, los frutos, las hojas, así como los pigmentos que se obtienen de las partes verdes, de las cortezas y de algunos frutos, constituyen la base de muchas realizaciones artísticas. Pero no sólo éstas, sino también la preparación de los colores y la recogida de los materiales por parte de los niños dan pie a actividades no menos interesantes.

Fábrica de pigmentos

Antes de que se inventaran los colorantes sintéticos, la humanidad teñía sus ropas y enseres con pigmentos hechos de tierras y otros minerales machacados en el mortero. Pero la fuente principal de color eran las plantas. Los papeles, las telas, la lana, el algodón, las paredes y hasta los cabellos se teñían con zumos crudos o caldos de bayas de saúco (entre azul y violeta), zumo de cerezas (de las especies de pulpa más oscura), hojas de té, cáscaras de nuez (muy intenso), hojas de abedul, varias especies de retama, algunas cortezas (*quercus velutina*), rubia, añil. De lejanos países llegaron maderas exóticas que daban coloraciones mucho más intensas que las oriundas: sándalo, palo campeche (encarnado), azafrán.

Incluso la tinta negra era de origen vegetal. Se obtenía de las agallas del roble, unas excrecencias redondas producidas por la picadura de ciertos insectos, y que durante el verano presentan a miles algunos árboles.

Papel vegetal

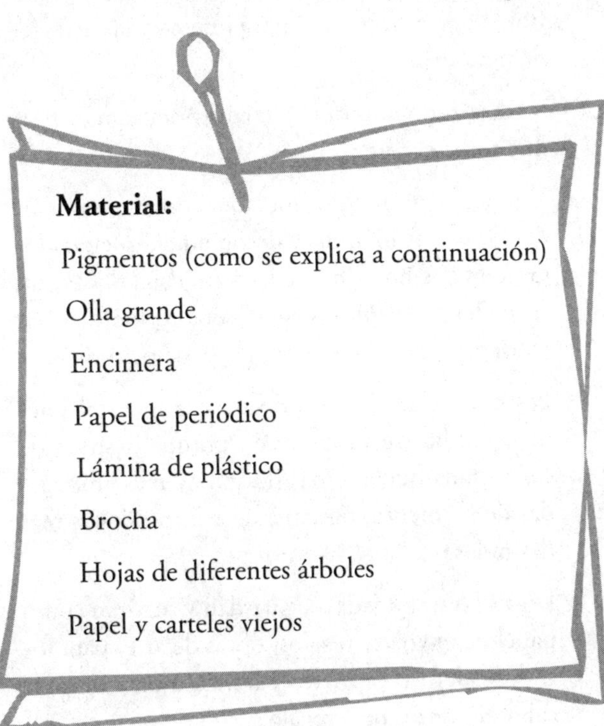

Material:

Pigmentos (como se explica a continuación)

Olla grande

Encimera

Papel de periódico

Lámina de plástico

Brocha

Hojas de diferentes árboles

Papel y carteles viejos

- Las cáscaras de naranja ralladas y puestas en remojo, así como el curry en polvo disuelto en agua muy caliente, proporcionan varios tonos de amarillo.

- Pigmentos obtenidos de diferentes maderas, en herboristerías y tiendas naturistas, dentro de las temporadas. También en tiendas de artículos para artistas pintores.

Los pigmentos se guardan en tarros grandes de vidrio con tapadera roscada; para la utilización, los niños los pasarán a otros botes más pequeños, o platos de cristal.

Además habrán coleccionado un gran número de hojas de diferentes formas, blandas y duras, lisas o rugosas, a ser posible de nervadura gruesa que destaque.

Ésta es una técnica interesante, que además de utilizar pigmentos de origen arbóreo también emplea las hojas a manera de motivo decorativo. Se obtienen muestras de colores fuertes, o en colores pastel, para enmarcar y colgar, o papel de escribir teñido en tonos suaves con figuras de hojas.

Para empezar, recogeremos pigmentos con los niños:

- Las cáscaras verdes, exteriores, de las nueces (frescas, como se encuentran en otoño, o secas) se dejan en remojo con agua toda la noche y proporcionan un color ocre oscuro. Si se le da un hervor al caldo se obtienen diversos matices de color.

- Zumo de saúco y de cerezas. Para obtenerlo, haremos que los niños machaquen una pequeña cantidad con el tenedor, luego se pasa por el cedazo.

Para teñir, se procederá de la manera siguiente:

- Cubrir con papeles de periódico la mesa o superficie de trabajo para que no se manche. También se colocará, a ser posible, alguna película de plástico (abrir bolsas viejas del supermercado). Los niños usarán batas para no manchar las prendas de vestir.

- Se teñirán los reversos en blanco de carteles viejos, o aprovechar papeles reciclados y que estén escritos a una sola cara.

- Con una brocha ancha o una esponja, pintar toda la superficie del papel a una o dos tintas.

- Colocar varias hojas que estén enteras, limpias o pintadas con otro color que haga contraste.

- Cubrir con otra hoja de papel ligeramente coloreada. Cubrir con una capa de papel de periódico y presionar ligeramente con las palmas de las manos, o con el rodillo de madera de la cocina. Si se dejan las hojas sin tocarlas durante media hora o más, se obtendrán impresiones de gran nitidez. ¡Hay que acostumbrarse a experimentar! La calidad obtenida muchas veces es resultado del azar.

- Lo mejor será que cada grupo de niños tiña una buena tirada de papeles de una sola vez, 20 o 30 hojas, por ejemplo, siempre intercalando papeles de periódico.

- Se deja todo el montón media hora o más, para que tome el tinte.

- Y ahora, el momento emocionando, que es cuando vamos levantando y desprendiendo cuidadosamente las hojas húmedas para colgarlas en un tendedero con pinzas de la ropa, o bien las extendemos una a una sobre papel de periódico.

- Las hojas que han servido para la muestra pueden reutilizarse varias veces, porque después de cada tirada quedan más flexibles y más empapadas de pigmento, obteniéndose impresiones más definidas.

- Las hojas terminadas se guardan y servirán como papel de envolver regalos, obras de arte, para forrar cuadernos escolares y libros, o para decorar cajas de cartón para regalo.

Por cierto, el pigmento sobrante puede usarse también para pintar normalmente con pincel o por goteo, o soplando con una caña sobre el papel.

Teñir una camiseta

Material:

Retal de tela, o camiseta

Cáscaras verdes de nuez

Olla de acero inoxidable (que no se manche)

Encimera

Cubo de plástico o de acero inoxidable

Cordones

Tendedero con pinzas para la ropa

Las telas se estampan lo mismo que el papel, por ejemplo camisetas viejas, servilletas recortadas de sábanas viejas, calcetines, bolsas de la compra.

La mayoría de los pigmentos vegetales requieren un tratamiento previo de las telas con determinados productos químicos, de lo contrario se los llevaría el primer lavado. En cambio el pigmento obtenido a base de cáscaras de nuez da un tinte bastante duradero sin necesidad de más aditivos, por eso es preferible para actividades infantiles.

Para ello tendremos que:

• Recoger en otoño, cuando caen las nueces, unos 400 g de cáscaras verdes frescas (no la cáscara dura interior de color marrón) por cada camiseta a teñir. En otras estaciones del año pueden reemplazarse por unos 100 g de cáscaras secas.

• Poner en remojo toda la noche con 1 l de agua.

• Al día siguiente les damos unos 5 minutos de hervor. Añadimos una pulgada de sal y 1 l de agua muy caliente, y dejamos un rato en una palangana para que haga infusión.

• Humedecer la prenda y sumergirla en el caldo. Deberá permanecer en remojo desde una hora hasta un día entero. Al cabo de unos minutos empieza a tomar color pardo, que se oscurece más cuanto más tiempo se tenga la prenda en la solución. Remover de vez en cuando para que los pliegues de la tela no dejen zonas en blanco.

• Por último sacamos la prenda, y la aclaramos varias veces en agua. A continuación la colgamos para que se seque. En adelante esta prenda se lavará a mano, no en la lavadora.

Para un divertido dibujo en color, sacamos varios picos de tela y los atamos con sendos hilos, que no se quitarán hasta que la prenda haya quedado seca. O haremos que los niños dejen caer gotas de cera fundida en distintos lugares de la tela antes de echarla al tinte. Después de teñir y secar, una persona adulta planchará la prenda entre varias capas de papel secante para eliminar la cera. Las telas así enceradas se tiñen con el caldo del tinte a temperatura templada.

Imprimir y calcar

Las imágenes que se describen seguidamente pueden colgarse como obra artística o como documentación de una exposición (pág. 21), o como papel decorativo: plegar en forma de sobres, usar como pegatinas en carpetas y cuadernos de la escuela, envolver regalos (junto con la piña y la ramita de abeto o de muérdago, en Navidad).

Hojas impresas

Buscar hojas con nervaduras muy marcadas. Pintamos el dorso con colores a la aguada muy espesos, tinta para imprimir grabados al linóleo o una capa de crema para calzado no demasiado espesa. Colocar con la cara entintada sobre una hoja de papel blanco, cubrir con un papel de diario y pasarle una sola vez, con fuerza, el rodillo de amasar de la cocina. Retirar el papel de periódico y la hoja, dejar que se seque la tinta.

Con varias hojas se crea toda una tormenta de otoño. Lo mejor es sacar previamente algunas pruebas con papel viejo, hasta encontrar la densidad óptima del entintado y la presión que se debe ejercer con el rodillo.

Grabado en madera
Material:

Placa de madera blanda de unos 10 × 15 cm, o disco aserrado de un tronco

Cepillo de alambre

Papel de lija

Clavo o punzón para grabar

Papel

Tinta para linóleo

Periódico

Los artistas usan herramientas especiales para dibujar líneas delgadas sobre bloques de madera, y luego sacan copias sobre papel. Esto se llama grabado en madera, o xilografía cuando se trata de un trabajo especialmente fino. También se usan estos bloques de madera con muestras para estampar telas. Conviene observar una xilografía auténtica, o su reproducción en un libro, antes de intentarlo nosotros.

Si se trabaja con el cepillo de alambre o el papel de lija un bloque de madera o la sección de un tronco, la fibra de la madera resalta y puede reproducirse la textura sobre el papel. Son especialmente interesantes las maderas muy nudosas.

Pintamos la madera con tinta para linóleo, o color a la aguada muy espeso, colocamos sobre ella una hoja de papel y luego frotamos cuidadosamente con un trapo, procurando que el papel no se mueva. La textura de la madera se copia en el papel.

Si se pule la superficie de la madera y luego se raya con un clavo o un punzón, el dibujo quedará impreso en líneas claras sobre fondo oscuro.

Si se trata de la superficie de un mueble u otra madera que no convenga manchar, puede intentarse al revés: colocar el papel directamente sobre la madera y entintar el rodillo.

Calcar

Las estructuras de la madera y de las hojas, si tienen relieve suficiente se calcan fácilmente sobre el papel, y dan reproducciones muy exactas. Basta colocar la muestra debajo del papel, sujetarlo con fuerza (o fijarlo con varias tiras adhesivas), y repasar la superficie del papel con un lápiz o una barra de color a la cera.

Calcos de corteza

Con cinta ancha de liar paquetes envolvemos un tronco en una hoja grande de papel de embalar o papel grueso de reciclaje. Frotamos toda la superficie del papel, cuidadosamente, con una barra de color a la cera, a fin de transferir la textura de la corteza. Es mejor que ésta sea relativamente lisa, ya que las anfractuosidades de una corteza demasiado rugosa tal vez romperían el papel. A veces se encuentran troncos con corazones grabados u otros detalles curiosos, que así se copiarán en el papel.

Relieves vegetales

Hojas de cerámica

Con arcilla de modelar u otra masa cerámica que se pueda cocer en el horno doméstico, aplicamos sobre una tabla de madera, con ayuda del rodillo, una capa como de un dedo de espesor. Sobre ella colocamos algunas hojas que sean vistosas y de nervadura bien marcada, y damos una pasada con el rodillo, sin presionar demasiado. Retiramos las hojas y recortamos el contorno con la punta de un cuchillo. En un lugar apropiado de la pieza clavamos un palillo para practicar el agujero que ha de servir para colgarla, o levantamos ligeramente los bordes para obtener una bonita bandeja o cenicero. A continuación las piezas deben dejarse varios días para que se sequen, y finalmente las cocemos en el horno. Podemos darles un vidriado natural, o pintarlas a mano para decorarlas.

Hojas de escayola

Formamos una placa de plastilina un poco más grande que la palma de la mano y le damos forma de plato con reborde. La superficie interior debe quedar bien plana. Sobre ella colocamos una hoja vistosa, que tenga nervios con mucho relieve. Presionamos con cuidado sobre ella, procurando igualar en todas partes, y luego la retiramos. El dibujo de los nervios de la hoja habrá quedado reproducido en hueco. Si tenemos previsto que la pieza pueda colgarse, clavaremos cerca del borde del molde una paja de las que se usan para los refrescos; de este modo quedará un agujero. La escayola deberá tener por lo menos 0,5 cm de espesor para 5 cm de lado, a fin de que la obra no nos resulta demasiado frágil.

Se hace la mezcla según las instrucciones del fabricante (para la medida indicada gastaríamos aproximadamente 3 a 4 cucharadas de polvo de yeso), y echamos inmediatamente la masa en el molde. Fraguará con rapidez y cuando esté dura la escayola podremos retirar con cuidado la plastilina (así nos servirá para otra vez). Sacar la paja. El yeso puede pintarse con colores a la acuarela.

Los árboles en las Bellas Artes

Para recordar las características de las especies, que cada niño pinte su árbol preferido, o el que tiene al otro lado de su ventana, o un árbol veraniego, o uno invernal. Con frecuencia, los niños en edad preescolar dibujan una especie de rectángulo con cuatro rayas que irradian por arriba y quieren representar las ramas. Es el momento oportuno para que observen con un poco más de atención las formas naturales de los árboles y su crecimiento. Los de más edad, que observen obras de artistas famosos.

Algunos pintores célebres han tratado con especial cariño el tema del árbol. Kaspar David Friedrich (1774-1840), oriundo de Alemania oriental, pintó paisajes iluminados por una claridad extraña, que les confiere un ambiente onírico y misterioso. Al mismo tiempo sus cuadros son de un verismo casi fotográfico. En ellos encontramos muchos bellos ejemplos de árboles.

Éstos han llamado la atención incluso a los pintores abstractos. La comparación de una pintura de Friedrich como *Árboles en el crepúsculo vespertino* con el cuadro de Paul Klee *El heraldo del invierno* (1922) nos permite ver repetido dos veces, si se mira bien, el tema del árbol bajo el claro de luna.

Árbol genealógico

Buscamos un par de ramas delgadas y rectas, así como algunas horquillas y hojas frescas o secadas entre páginas de un libro. Los niños aportan fotos de pequeño formato de sus allegados (el padre, la madre, los abuelos y todos los hermanos). Si falta alguno, que ellos mismos dibujen su retrato, debidamente «enmarcado».

Para pegar, se le facilita a cada niño un cartón blanco rígido formato DIN A2 o A3. Comenzarán en el borde inferior, donde va el retrato propio, flanqueado por las fotos de los hermanos. Sobre éstas se pega una «V» de ramas, cuyos brazos apuntan a las fotos de mamá y papá. Éstas, coronadas de sendas uves que remiten a la generación de los abuelos. Los niños de más edad rotularán su trabajo añadiendo nombres y fechas. La superficie en blanco entre las ramas y los retratos se decora con las hojas procurando imitar la figura de un árbol.

Portarretrato

Un trozo recto de rama bastante gruesa, y de unos 15 a 20 cm de largo, se monta en el tornillo de banco y se corta longitudinalmente por la mitad. La superficie del corte se aplana y se pule con la lima y el papel de lija. En medio de la superficie curva practicamos otro corte longitudinal de extremo a extremo, pero sólo hasta la mitad del espesor. Es en esa ranura donde irá montada la fotografía, pegada en un cartón. Si la ranura nos ha quedado demasiado ancha, reforzamos el cartón pegándole una tira en el borde superior, de modo que la imagen quede vertical. Unos soportes algo más pequeños sirven también para exponer postales artísticas.

Hojas y agujas

Las estructuras de las hojas y de las agujas de coníferas nos permiten ver la infinita variedad de la naturaleza. La construcción de pequeños objetos artísticos nos permitirá experimentarlo directamente. Casi todos los niños habrán realizado ya *collages* y cuadros con hojas otoñales de distinta coloración. He aquí algunas propuestas. Lo mejor será que el grupo dedique varios días a recoger hojas verdes y de todos los colores, que se guardarán entre libros gruesos y pesados para aplanarlas.

Rotulando las hojas

Las hojas de superficie mate, una vez aplanadas, admiten la escritura. Los especímenes de mayor tamaño provistos de un mensaje pueden remitirse dentro de un sobre, como una carta normal. Las más pequeñas pueden rotularse y pegarse, por ejemplo, como etiquetas para cajón de sastre, o servir como puntos de lectura, escribiendo en ellas una frase sobre los árboles. En fechas festivas, los niños pueden regalar alguna golosina confeccionada por ellos mismos (dulce de membrillo, fruta confitada, frutos secos), y pegar en el recipiente, en vez de etiqueta, una hoja grande de membrillo con dedicatoria.

Hojas desnaturalizadas

Se obtienen decoraciones ingeniosas para papel de cartas, puntos de lectura y objetos de arte modificando la forma de las hojas antes de prensarlas: un nudo en el vástago de la hoja de gingko, trenzar varias hojas pequeñas, recortar una hoja para cambiarla de aspecto, o quitarle varios segmentos entre los nervios para obtener «esqueletos» diferentes.

En la primavera, aprovechando una excursión, haremos que los niños se pongan a buscar especímenes curiosos. Con frecuencia, cuando las hojas caídas durante el otoño han quedado expuestas todo el invierno al frío y a la humedad, se desprenden las partes blandas y queda sólo la fina estructura de los nervios; es el caso, especialmente, de las de tilo y magnolio.

Cajita con decoración silvestre para regalo

Para cada niño compraremos en el bazar una cajita plana de madera.

Con un pincel ancho, se pinta la tapadera con pegamento (no contaminante, pasta blanca por ejemplo) y se pega un *collage* de hojas prensadas o de agujas de conífera muy apretadas y cortadas todas al mismo tamaño. Cada hoja debe pintarse con adhesivo al dorso y mantenerse presionada hasta asegurarnos de que ha quedado bien pegada sobre la tapadera. Una vez terminado el *collage* lo lastramos con algún catálogo viejo (envolviendo previamente la tapadera con un plástico, por si rebosa el adhesivo) hasta que se haya secado, para evitar que se desprenda la decoración. Por último se pinta la superficie acabada con cola transparente, que le dará solidez y un aspecto de barniz brillante.

Marco para fotografía

Se recorta el marco en cartón grueso y se decora con hojas encolándolo previamente como se ha descrito en la sugerencia anterior. Pero en este caso la decoración también admite ramitas, piñas pequeñas, trozos de corteza. A continuación recortamos una tapa posterior de cartón, del mismo tamaño que el marco. Las dos partes se unen después de situar la fotografía en el centro (o un dibujo del que sea autor el niño). En el centro del lado superior pegamos un triangulito de alambre que servirá para colgar la obra.

65

Móviles

Material:

Objetos encontrados en el bosque

Alambre plateado o dorado
(diámetro aprox. 0,8 mm)

Alicates o tijeras viejas para doblar
y cortar el alambre

Hilo de coser

Tijeras

Gancho para colgar

Los objetos interesantes que hayamos encontrado como ramitas, raíces de formas curiosas, frutos, piñas, se exponen más ventajosamente colgándolos. Fabricaremos una percha de alambre grande y dos pequeñas como muestra el dibujo (25 y 15 cm aproximadamente). Doblamos los extremos en forma de ojal y colgamos con hilo las piezas. Atamos también sendos hilos a los extremos de la percha más grande y colgaremos de ella las dos pequeñas. Hay que equilibrarlas de manera que todas estén horizontales. Atamos a la percha grande un último hilo central con lazo para colgar de un gancho de lámpara, por ejemplo.

La idea del móvil es muy versátil. Pueden llegar a tener la complicación que uno quiera, añadiendo cada vez más elementos colgantes. Pero siempre hay que prestar atención a que las perchas y los hilos sean lo bastante largos para que no se enreden los unos con los otros. Para colgar el conjunto lo haremos cerca de una puerta u otro lugar donde haya una ligera corriente de aire. Entonces el conjunto oscila y se balancea justificando su nombre de «móvil».

Otra posible obra de arte consiste en colgar las piezas de una raíz pintoresca y llena de nudos, o de un aro de ramas elásticas. Si colgamos los objetos suficientemente próximos, el resultado puede reemplazar, por ejemplo, a la pantalla de una lámpara. Pero, ¡cuidado!, manteniendo la separación necesaria con respecto a la bombilla, para que nada se recaliente.

Adornos de madera

En el comercio se encuentran fácilmente abalorios de madera de diferentes colores. Pero los árboles nos suministran directamente piezas más originales, con las que podremos improvisar adornos de nuestra creación y no menos duraderos.

Joyas de otoño

Son adornos para un solo día que pueden realizarse en un abrir y cerrar de ojos, con semillas y frutos encontrados: las castañas y las bellotas se perforan con una aguja y se enhebran. Con piñas y ramitas verdes se forman colgantes de fantasía.

Para adornar el cabello

Dos bolas de madera con un trozo de goma anudado en ambos extremos sirven para atarse las coletas, o también un disco de madera de unos 5 mm de grueso: en lados opuestos del canto clavamos dos clavos pequeños; a uno de éstos se le anuda la goma, y en el extremo opuesto de ésta dejaremos un bucle que servirá para enganchar en el otro clavo. Se decora el disco de madera con una flor prensada, pintando por encima con barniz o laca de uñas transparente para fijarla. También las peinetas y los ceñidores para el cabello pueden decorarse con abalorios de madera y se convierten en lujosas diademas.

Abalorios de madera

Son adornos de uso universal para cadenas, llaveros, pulseras, tobilleras. Durante las excursiones, los niños coleccionarán ramitas con y sin corteza, que luego una persona adulta podrá trabajar en el tornillo de banco, ya que la necesaria operación de agujerear las piezas para poder enhebrarlas es difícil. Algunas ramas como las de sauce y grosellero tienen una médula muy blanda que se quita simplemente pasando una aguja de hacer calceta.

Las cortezas sobre todo de pino se trabajan fácilmente con la navaja y adquieren toda clase de formas: dados, abalorios redondos o hexagonales, etc., y se les da el pulimento final con papel de lija antes de enhebrarlos.

Si se pretende decorar las piezas, hay varias posibilidades:

- Grabar a navaja figuras geométricas en la superficie.

- Grabar estrías en los abalorios de madera descortezada.

- Pintar con colores a la acuarela o *gouache*, y finalmente frotar con un trozo de cera y pulir con un trapo.

- Clavar un alfiler o un clavo en un corcho (que servirá de mango para sujetarlo), ponerlo al rojo con la llama de una vela y puntear la pieza de madera para tatuarle figuras (estrellitas, círculos, etc.).

Cuando tengamos fabricada una serie de piezas, las enhebramos en una correa delgada de cuero o cordón de paquetería, o hilo de lana o algodón. Si las piezas no han de ir apretadas las unas contra las otras, las fijamos en sus posiciones mediante nudos en el hilo. Los abalorios de madera combinan bien con perlas de vidrio o de cerámica que se venden en tiendas de bricolaje. Véanse algunas sugerencias en el dibujo.

El ámbar

Sin embargo, los árboles también dan adornos de más «categoría». El ámbar, considerado como una piedra preciosa, en realidad es la resina fósil de unas coníferas del período terciario de nuestro planeta (una era que ocurrió hace muchos millones de años).

El ámbar se encuentra principalmente en el mar Báltico, donde las mareas arrojan a las playas grandes cantidades de este material. Algunos fragmentos llegan a pesar varios kilos. Muchas personas aprecian las joyas hechas con esta «piedra» de color amarillo blanquecido o color miel. Las piezas más interesantes son las que tienen inclusiones como mosquitos o escarabajos fósiles o restos vegetales. En Sicilia se encuentra una variedad de ámbar de color azulado.

Música selvática

Las flautas, las guitarras y otros muchos instrumentos musicales conocidos se hacen de madera. Para nuestra orquesta del bosque vamos a construir unos instrumentos y sonajeros mucho más sencillos, que nos asombrarán con la gran diversidad de los sonidos que son capaces de producir.

Maracas

- Con tarros de yogur, latas o tarros de vidrio con tapadera. Se llenan de productos árboreos duros, como bellotas, cáscaras de nuez o huesos de cerezas.

- Si no tienen tapadera, cerrar con un trozo de tela y un aro de goma.

- Para mayor facilidad de manejo, atarles un mango de madera.

Sonajero de vainas de algarrobo

- En invierno recogemos las vainas y las ponemos a secar.

- Cuando se hayan endurecido, las colgamos de un cordel fuerte.

- Pueden llevarse colgando a manera de cinto, o atadas en forma de manojo colgando de un palo.

Marimba

- Encargar en una carpintería varios listones de madera de diferentes longitudes, o recoger ramas fuertes del bosque y pulirlas con papel de lija.

- Colgarlos con hilos en un larguero.

- Se hacen sonar golpeándolos con una cuchara de madera o de metal.

- También podemos llevar los listones más cortos a manera de cinturón para que resuenen al caminar o bailar.

Xilofón

- Se necesitan dos listones de unos 50 cm de largo. Les pegaremos sendas tiras de cuero o de fieltro.
- Sobre ellos colocaremos transversalmente otros listones más cortos o trozos rectos de ramas (preferiblemente de madera dura).
- Probamos golpeando con una varilla, y ordenamos los listones cortos por altura de sonido. En caso necesario, los recortaremos y limaremos a la longitud necesaria para que proporcionen, más o menos aproximadamente, una escala musical completa.
- Si se quiere obtener un instrumento permanente, pegamos los dos listones largos de soporte sobre una tabla. Entonces clavaremos delante y detrás de cada listón sonoro sendos clavos forrados (pegándoles tiras de fieltro o de cuero) para mantenerlos en sus posiciones.
- Para golpear el xilofón fabricaremos unas baquetas envolviendo la punta de dos varillas con un trozo de cuero y un aro de goma. También dan buen sonido golpeando con dos cucharas de madera.

Crótalos

- Cortar un coco por la mitad.
- En cada mitad de la cáscara practicaremos 2 agujeros próximos al corte, y les pasaremos un cordel, sin apretar demasiado, formando un bucle que deje pasar el dedo medio y el anular.
- Para tocarlos, chocar las mitades de forma elástica (soltando para no apagar la resonancia).

Lengüeta

- Envolvemos la mitad de una cáscara de nuez con varias vueltas de hilo muy apretadas, de manera que forme una especie de «cuerda vibrante» sobre la parte abierta. Anudar sólidamente.
- Pasar un palito por entre las vueltas de hilo y retorcer.
- Para tocar, se levanta el palito haciendo que golpee sobre la cáscara, con lo que se obtiene un repique bastante interesante.

Arco vibrante

- Elegir una rama flexible y lisa, como de 1 a 2 cm de diámetro, y practicar unas ranuras en ambos extremos.
- Tensar de extremo a extremo una cuerda vieja de guitarra o de violín (y atarla en caso necesario con sendos aros de goma fuertes).
- En medio, colocar donde se prefiera un bucle de cordel fuerte, de manera que pueda desplazarse para cambiar las notas que dan los dos segmentos de cuerda.
- Tocar pulsando o frotando con un arco de violín.

Koto de bambú

- Se elige un segmento de bambú cerrado por ambos extremos y se corta longitudinalmente con la sierra.
- Pulir los cantos.
- Tensar longitudinalmente dos gomas, o dos cuerdas de guitarra. Prolongarlas por la parte posterior si la longitud no es suficiente.
- Un trozo de bambú más delgado se pasa transversalmente por debajo de las cuerdas, quedando fijo a modo de puente sobre el hueco de la caña, que sirve como caja de resonancia. Pulsar con una púa, o frotar con un arco. Se dispone de cuatro notas diferentes. ¡Genuina música oriental!

Silbato de saúco

- De una rama de saúco se corta un trozo de 8 cm de largo y aproximadamente un dedo de grueso.
- Utilizando una aguja de hacer jersey, vaciamos la médula, y luego pulimos las paredes interiores con una lima redonda (del tipo llamado «cola de rata»).
- Matar los cantos con la lima, para que no corten.
- Tapar un extremo con un pedazo de corto recortado a la medida.
- Apoyar verticalmente el tubo sobre el labio inferior, adelantando el labio superior al tiempo que soplamos de manera que el borde del tubo divida el chorro de aire.

Flauta de corteza de sauce

- En primavera, cuando la corteza está tierna, cortamos un trozo de rama liso y rectilíneo de unos 2 cm de diámetro y 15 a 30 cm de largo.

- A escasa distancia del extremo inferior practicamos una incisión en círculo, que corte completamente la corteza.

- Cortar al bies en el extremo superior para la futura embocadura.

- Frente a la embocadura, cortar una entalla de unos 0,5 cm de profundidad

- Mojar la parte superior de la corteza hasta la incisión circular, y golpearla por todos los lados, cuidadosamente, con una piedra o con la navaja.

- Sujetar el trozo de rama con toda la mano y tirar cuidadosamente para separar la corteza de su núcleo de madera. Es posible que hagan falta varios intentos. ¡Sobre todo, no hay que perder la paciencia, pues se trata de no agrietar la corteza!

- Dejar el tubo a un lado.

- Cortar de la madera la pieza de la boquilla para la flauta, dándole una cara plana por arriba.

- Acortar el núcleo de madera.

- Introducir la pieza de la boquilla en la embocadura del tubo.

- Introducir parcialmente el núcleo de madera por el lado opuesto.

- Para tocar, se sopla en la embocadura. Con una mano se sujeta la flauta y con la otra se cambia el tono variando la longitud del núcleo introducido en la caña o tubo. Con varias flautas de afinación diferente podremos formar toda una orquesta.

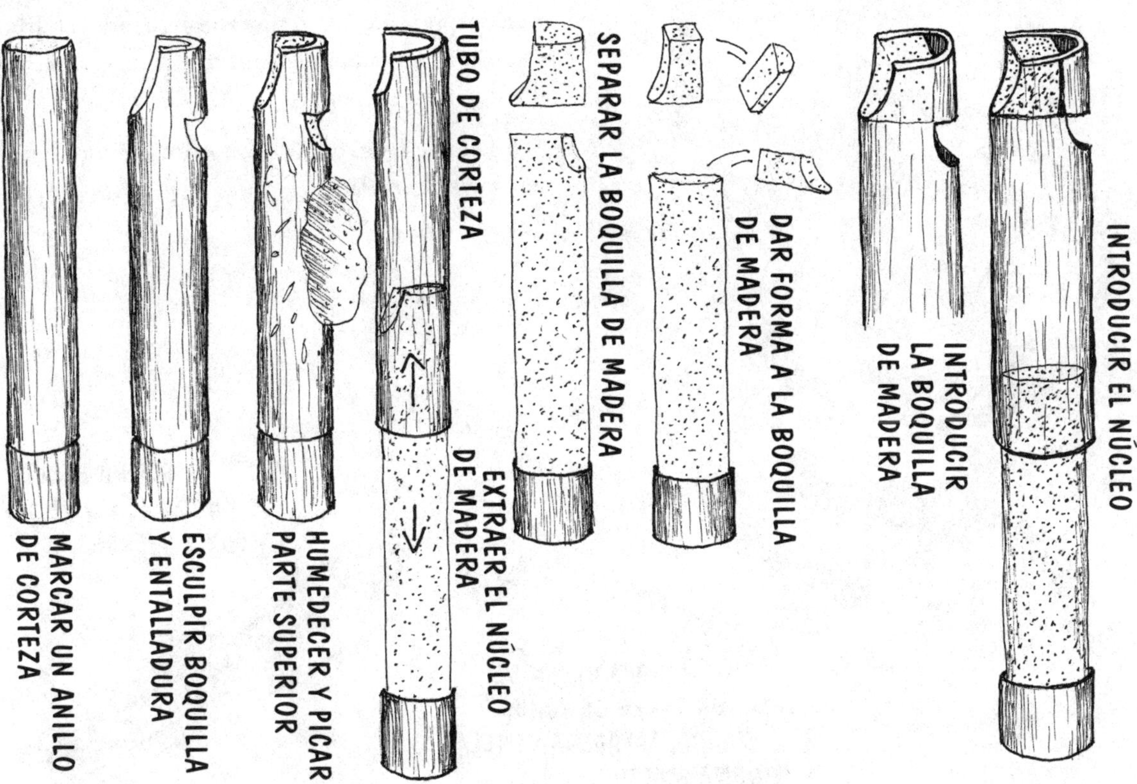

Árbol sonoro

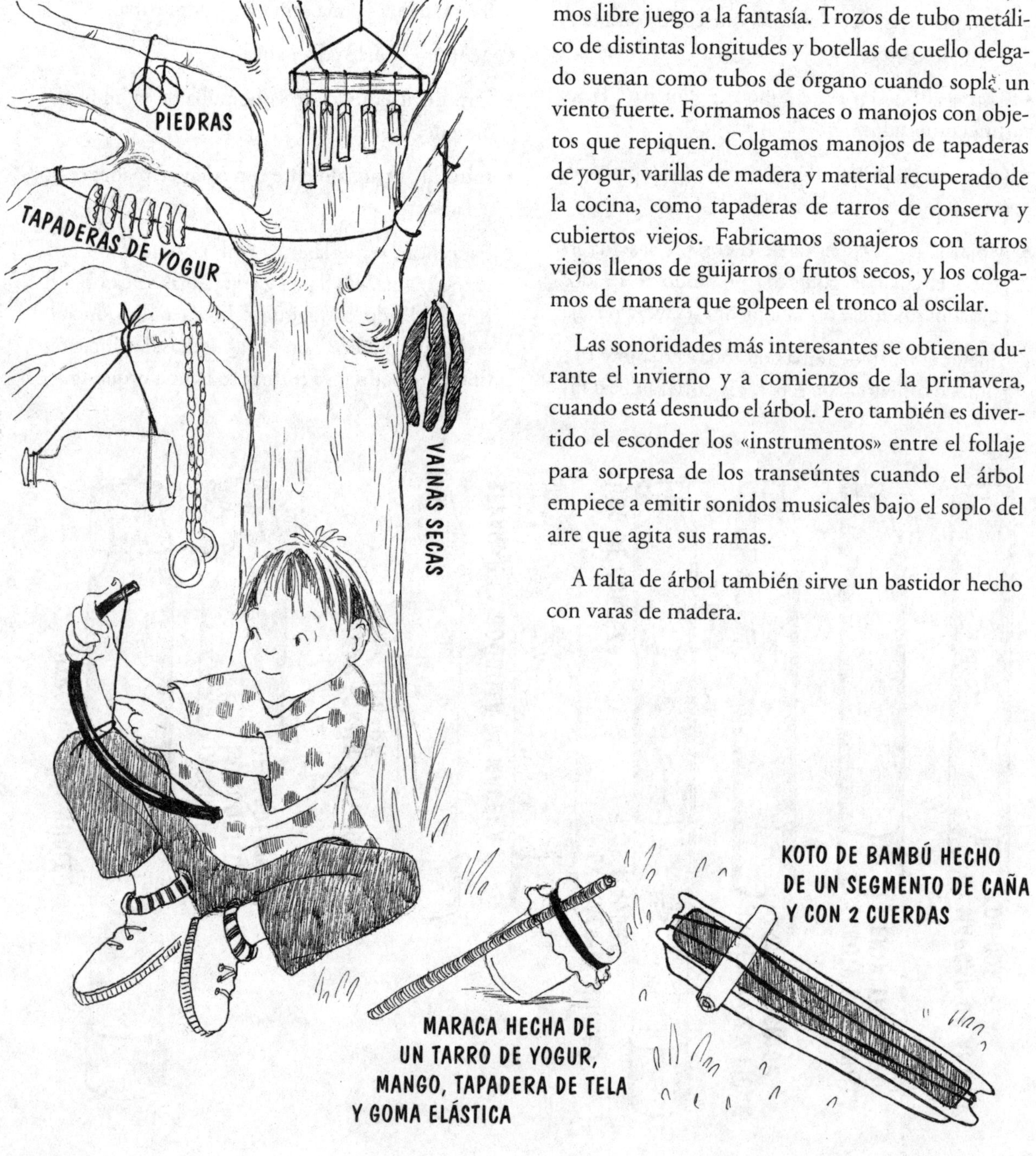

Decoramos un árbol pequeño con toda clase de «instrumentos» que suenen al agitarlos el aire. Dejemos libre juego a la fantasía. Trozos de tubo metálico de distintas longitudes y botellas de cuello delgado suenan como tubos de órgano cuando sopla un viento fuerte. Formamos haces o manojos con objetos que repiquen. Colgamos manojos de tapaderas de yogur, varillas de madera y material recuperado de la cocina, como tapaderas de tarros de conserva y cubiertos viejos. Fabricamos sonajeros con tarros viejos llenos de guijarros o frutos secos, y los colgamos de manera que golpeen el tronco al oscilar.

Las sonoridades más interesantes se obtienen durante el invierno y a comienzos de la primavera, cuando está desnudo el árbol. Pero también es divertido el esconder los «instrumentos» entre el follaje para sorpresa de los transeúntes cuando el árbol empiece a emitir sonidos musicales bajo el soplo del aire que agita sus ramas.

A falta de árbol también sirve un bastidor hecho con varas de madera.

Fiestas del árbol

Muchas festividades y conmemoraciones del ciclo anual van tradicionalmente vinculadas a la celebración del árbol, a veces adornado expresamente para la ocasión: el árbol de mayo, y por supuesto la Navidad, cuando el abeto se convierte en protagonista. Pero los árboles pueden ayudarnos a convertir en inolvidables otros muchos eventos.

Las sugerencias siguientes pueden variarse con arreglo a las posibilidades disponibles y a la fiesta en cuestión, como puede ser un cumpleaños infantil. También pueden combinarse con otros juegos y actividades de entre los propuestos en este libro.

Desfile de modas

Es un espectáculo indicado para los días calurosos del estío, cuando las y los «maniquíes» andan todo el día en traje de baño. Se trata de coleccionar hojas grandes y enhebrarlas, anudarlas, colgarlas y coserlas para formar creaciones naturales. Valdrá la pena montar una pasarela para que se vean esas creaciones verdes, esas gafas, faldas, cinturones, diademas, sujetadores y todo lo que la fantasía de los pequeños sea capaz de crear. Naturalmente se fotografiará el desfile para recuerdo futuro, y culminará con el concurso veraniego de belleza y la elección de «míster» y «miss Natural».

Fiesta de verano

Aprovechamos la fiesta anual del verano en el jardín de infancia, la escuela o el vecindario para que la presida el tema del árbol. A ser posible se celebrará en un patio o jardín con árboles. Si se prefiere el bucólico escenario en un claro del bosque o una casa de turismo rural, que todos los participantes puedan llegar fácilmente a pie, o en bicicleta, y de todos modos se necesitará una preparación más cuidada, incluyendo la gestión de los permisos necesarios.

Si van a participar los padres, las amistades, o varios grupos, se conseguirá una combinación más abundante y variada de actividades, refrigerios, informaciones y diversiones, pero habrá que prever el número y las edades de los participantes, así como la capacidad del lugar.

Los preparativos podrán encargarse a diferentes «comisiones organizadoras», en caso necesario con participación de los padres y de las agrupaciones locales de protección de la naturaleza:

- Coordinación: el grupo con más experiencia organizadora pensará el desarrollo general de la jornada y coordinará las actividades de las «comisiones».

- Publicidad: los encargados de pintar carteles, de la propaganda oral, y de notificar el evento a la sección de actividades locales de la prensa (si se quiere que tenga esa trascendencia); también diseñará conforme al tema elegido las tarjetas de invitación para los visitantes señalados (véanse sugerencias en las págs. 38, 57 y 64).

- Equipamiento de la fiesta: hay que disponer bancos, sillas, mesas, así como tiendas o sombrillas en caso necesario, WC portátiles si la fiesta se va a celebrar en el bosque; adornar los árboles con guirnaldas, globos, farolillos; organizar el servicio de recogida de sobrantes y desperdicios para que el lugar vuelva a quedar como antes; allegar platos y cubiertos, así como medios para lavarlos después.

- Refrescos para los niños: zumos frutales, «sangría» no alcohólica a base de jarabes (lima, grosella, maracuyá), agua; para los mayores, según las preferencias, té, café, licores de frutas. Prever la manera de refrescar las bebidas, aunque consista sólo en cubos llenos de agua fría.

- La minuta: tartas (recetas normales con alguna alusión arbórea, por ejemplo tarta de nueces, pastel de manzana, tartaletas de frutas, guarniciones de membrillos y mermeladas); carnes a la barbacoa servidas con decoración de ramitas verdes de pino, acompañadas de ensalada verde (lechuga, escarola, pepino), con juliana de hojas de tilo, de haya, de abedul. Se puede poner también un puesto de castañera, otro de bocadillos con mantequilla y mermeladas de frutas del bosque, otro de macedonias o pinchos de frutas naturales o en almíbar, etc.

- Exposición sobre el tema del árbol preparada por los niños, incluyendo (si se quiere) concursos de adivinanzas y sorteos de premios entre los visitantes.

- Mercadillo de artesanías: adornos de madera, objetos de coco, de corcho, de bambú, cuadros hechos de hojas prensadas. El producto de la venta junto con los ingresos de los puestos de comida y los del sorteo se destinarán a una finalidad convenida de antemano.

- Mercadillo de arte: se pondrán a disposición de los visitantes pigmentos, brochas, papeles, trapos, vidrios. Se tenderán cuerdas entre los árboles con pinzas, que formarán la «galería de arte» donde se colgarán las realizaciones terminadas.

- Puesto de música con marimba gigante, maracas. Como animación, los niños interpretarán con estos instrumentos una canción previamente ensayada.

- Puesto de perfumería: aceites esenciales de origen arbóreo, popurrís de elaboración propia, concurso de reconocimiento de elementos arbóreos olorosos o aceites esenciales.

- Gimnasio: si se cuenta con árboles de dimensiones y solidez adecuados, los dotaremos de cuerdas de nudos, escalas de cuerda, columpios, etc.

- Espacio lúdico: bochas, balancín, pruebas de tiro, «Guillermo Tell» (monigote o espantapájaros de tamaño natural con manzana sobre la cabeza, para ensayar el tiro al arco o lanzando pelotas de goma).

- Desfile de modas: exhibición de creaciones realizadas con hojas, premio a la más original (si no se dispone de hojas auténticas de forma y tamaño adecuados, recortarlas en papel verde).

- Lotería de cáscaras de nueces. Los niños disfrazados de Robin Hood venden cartones de lotería, los ingresos se destinan a una acción ecologista (plantar unos árboles, crear una biblioteca de temas medioambientales para el jardín de infancia, etc.).

- Servicio de información: niños difrazados de heraldos o pregoneros, que provistos de carracas u otros instrumentos irán anunciando los eventos culminantes de la fiesta.

- Iniciativa de repoblación: puede ser el punto culminante de la fiesta la plantación de un árbol como contrapeso simbólico frente a la deforestación (pero no hay que olvidar la necesidad de regresar durante los días siguientes para regarlo).

Lotería de nueces

Para la fiesta se esconden los premios dentro de cáscaras de nuez. Abrir con cuidado unas cuantas nueces, de manera que no se rompan las mitades de la cáscara. Quitar la pulpa e introducir un vale con el premio («vale por un masaje de cosquillas con una ramita de pino», «un surtido de productos del árbol», «una excursión guiada por el bosque»). Unimos las mitades de cáscara con un adhesivo transparente, procurando no dejar manchas, y las devolvemos al cesto de las nueces normales. La proporción sería de 1 o 2 premios cada 12 extracciones. El que saque una nuez sin premio, al menos tendrá la satisfacción de comerse el contenido.

Sabores del árbol para la fiesta

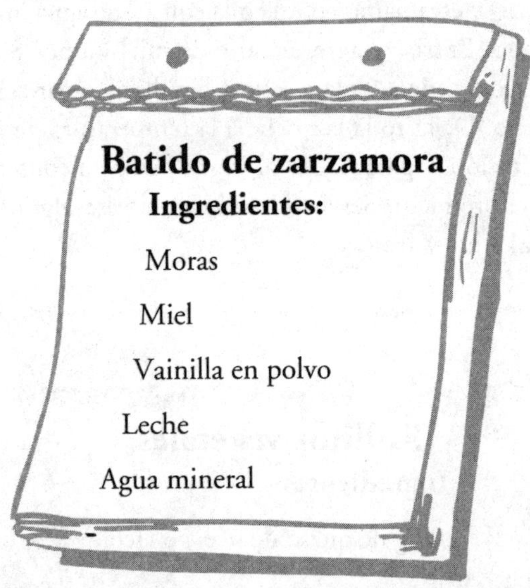

Batido de zarzamora

Ingredientes:

Moras

Miel

Vainilla en polvo

Leche

Agua mineral

Medir para cada vaso un par de cucharadas de moras y reducirlas a puré con un poco de miel y vainilla en polvo, usando el tenedor, o con la batidora. Pasar a un vaso alto, llenar con leche y finalmente un chorrito de agua mineral, y remover. También se hace con frambuesas.

Tartaletas de colores

Ingredientes:

250 g de harina de trigo integral

2 yemas de huevo

2 cucharadas de miel

150 g de mantequilla

Un pellizco de vainilla

Fruta para la guarnición

Nata montada

Se amasan 250 g de harina integral de trigo cernida con 2 cucharadas de miel, 2 yemas de huevo, 150 g de mantequilla y un poco de vainilla, y luego se divide la masa en porciones del tamaño de una nuez. Con las manos enharinadas, moldeamos cada una de las bolas de masa para convertirlas en otros tantos discos planos de unos 5 mm de grueso. Engrasamos una bandeja para horno y ponemos las tartaletas durante unos 10 minutos a 200 grados.

Antes de servir cubrimos cada una con 1 cucharada de nata y añadimos trocitos de frutas variadas (frambuesa, mora, daditos de pera y melocotón, cerezas). Si se quiere, puede matizarse el sabor de la nata con alguna mermelada, jarabe de arce, almendra o nuez picada, etc., para dar variedad a esta golosina.

Mantequilla de nueces

Ingredientes:

200 g de mantequilla

80 g de nueces picadas

Sal, pimienta

Zumo de limón

Tostamos un poco en la sartén los 80 g de nueces picadas y luego los mezclamos con 200 g de mantequilla previamente calentada para ablandarla. Sazonar con sal, pimienta y zumo de limón al gusto. Es buena para untar rebanadas de pan integral.

«Sangría»
no alcohólica
Ingredientes:

600 g de frutas varias

4 cucharaditas de miel

2 l de zumo de pera

1 l de agua mineral

Un poco de zumo de limón

Mezclar unos 600 g de frutas variadas (moras, trozos de manzana y de pera, cerezas, trozos de melocotón) con 4 cucharaditas de miel, y dejar unas horas para que tomen el aroma. Repartir en pinchos de madera, colocarlos en una fuente grande y echar 2 l de zumo de pera. Tendremos la preparación de 2 a 3 horas en el frigorífico. Finalmente la sazonaremos con un poco de zumo de limón y momentos antes de servir añadiremos 1 l de agua mineral. Se sirve en vasos con cubitos de hielo, en los que previamente habremos congelado unas hojitas de frambuesa o de zarzamora.

Refresco de grosella
Ingredientes:

200 g de hojas frescas de grosellero

1 l de agua

80 g de miel

8 g de ácido cítrico

Picar 200 g de hojas de grosellero (las negras y las rojas tienen sabores bastante distintos, pero sirven ambas) y escaldarlas en una olla con 1 l de agua hirviendo. Enfriar y agregar 80 g de miel y unos 8 g de ácido cítrico. Colar, pasar a botellas y tapar con corcho. Dejar toda la noche a la temperatura de la habitación, y pasar luego al frigorífico para conservar el producto. Servir echando en el vaso algunas bayas y hojas frescas.

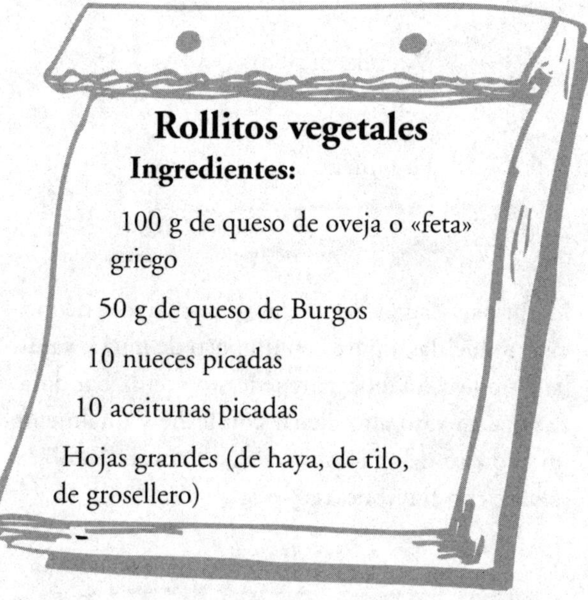

Rollitos vegetales
Ingredientes:

100 g de queso de oveja o «feta» griego

50 g de queso de Burgos

10 nueces picadas

10 aceitunas picadas

Hojas grandes (de haya, de tilo, de grosellero)

Trocear 100 g de queso de oveja o feta y mezclarlo con 50 g de queso fresco. Agregar a la mezcla 10 nueces picadas y 10 aceitunas picadas. Con ayuda de una cucharilla pasamos porciones de esta masa a unas hojas grandes, previamente lavadas, que se enrollan, y se sujeta el rollo con un palillo. Guardar un rato en el frigorífico antes de servir acompañados de pan. Las hojas son para conservar las raciones y no se comen.

Poner la mesa en la selva

Los recipientes y enseres hechos de ramas y hojas llamarán la atención en los puestos donde vayamos a despachar la comida. Para fabricarlos se recogerán en el bosque ramas lisas, tal vez parcialmente descortezadas ya, o aprovechamos la poda del jardín para utilizar el material que se habría desechado de todas maneras. Las más indicadas son las ramas de avellano o de sauce. Las que vayan a servir para cubiertos deben descortezarse en cualquier caso; las destinadas a cestas y tableros de servir pueden dejarse con la corteza, si se revisten los recipientes con hojas o servilletas.

Las ramas gruesas se trabajan con la navaja (¡cuidado con los dedos!) para convertirlas en pinchos, palillos chinos, tenedores, escobillas para batir (el pino y el abeto dan escobillas naturales).

Puliendo una rama en forma de espátula tendremos un práctico cuchillo para untar el pan con mantequilla o mermelada. Las ramitas delgadas debidamente afiladas proporcionan pinchos para fruta variada y confitada. Con un poco de habilidad se puede tallar incluso una cuchara de madera para la miel. Trenzando paja y hojas de caña confeccionaremos servilleteros.

Las cestas y los tableros de forma cuadrada se atan con cordel en los puntos donde se entrecruzan las maderas. Como las piezas tienden a moverse y desviarse durante el montaje, conviene asegurarlas previamente con pinzas de la ropa, o trabajando los niños de dos en dos.

Los cuencos para beber y para las macedonias de frutas se confeccionan con medias cáscaras de coco descortezadas y pulidas, o con medias cáscaras de naranja.

Un disco de madera aserrado directamente del tronco proporciona una tabla de cocina extraordinariamente duradera y útil, por ejemplo para cortar quesos y fiambres.

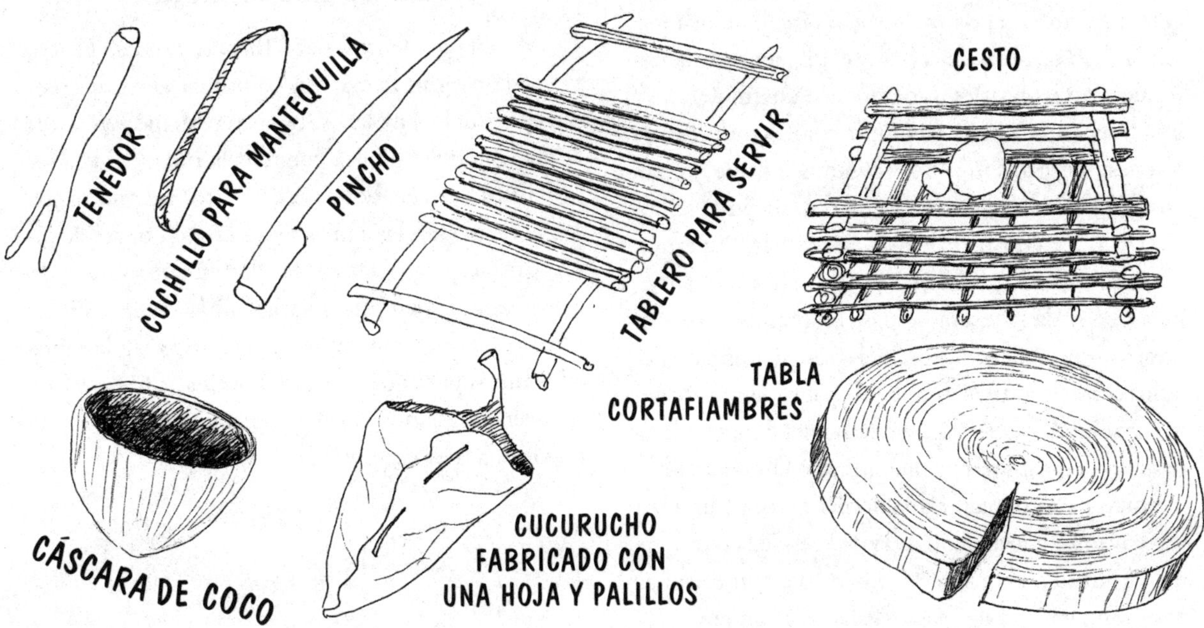

Árboles de Navidad

Para muchas personas, la Navidad es la fiesta más importante del ciclo anual. Imposible imaginarla sin árboles. Los que se venden durante el tiempo de Adviento suelen proceder de plantaciones especiales, es decir que se hace repoblación de las variedades más atractivas de abetos y de ahí que no sean baratos precisamente.

A veces también los hay directamente procedentes del bosque. Cuando los árboles crecen demasiado apretados, los servicios de conservación forestal se ven obligados a despejar entresacando los que crecen poco vigorosos. Son, por tanto, ejemplares jóvenes y que no tienen ningún aprovechamiento útil, excepto el de servir como árboles de Navidad precisamente. Al proceder de esta manera no se perjudica a la naturaleza. Por tanto, que no se preocupen los que compran macetas cuyo árbol está entero con raíces y todo.

Lo que sí debe hacerse después de las fiestas es llevar el árbol a los lugares de recogida que suele establecer la municipalidad. Por lo general se llevan a instalaciones de compostaje.

Lo que vuelve todos los años: cómo adornar el árbol

Durante la estación invernal, cuando muchas veces el mal tiempo no permite jugar al aire libre, el adornar las habitaciones de la casa y el preparar pequeños regalos con materiales recogidos en la naturaleza será una buena manera de pasar el rato. Al confeccionar todo eso nosotros mismos y con medios que no han costado nada o casi nada, frenamos un poco la borrachera consumista propia de esas fechas. Por tanto, empezaremos a coleccionar objetos en abundancia, para que nada falte a la hora de emprender nuestras creaciones artísticas. Lazos, bien planchados para dejarlos como nuevos, sobrantes de papel de color y demás material recuperado, servirán para darles realce y de paso demostraremos que no hace falta derrochar fortunas para conseguir una bonita decoración. Una vez hayamos adornado el aula de la escuela o el local del jardín de infancia, empezaremos a confeccionar adornos para la casa y para regalar, si se quiere.

Ramos de Navidad

Combinar elementos para formar ramos, procurando conseguir llamativas combinaciones de colores con adición de lazos, bolas navideñas, etc., que se cuelgan de la puerta para dar la bienvenida a los visitantes de estas fiestas. Por cierto, las ramitas de abeto conservan las agujas más tiempo que las de pino, que se pelan enseguida. Se buscan sobre todo ramas que tengan una o varias piñas, y también las ramas de especies siempre verdes (pero vigilaremos a los niños para que no se las lleven a la boca, y que se laven las manos después de la actividad, ya que hay muchas especies venenosas).

Adorno de ramas

En un cajón de sastre habremos guardado cabos de hilo de lana, cintas de envolver regalos, recortes plateados y dorados, etc., para adornar los ramos. Con papel rojo, o de otros colores, los niños recortarán estrellas y corazones para colgar. También las tapaderas de aluminio de los yogures se transforman en estrellas. Incluir nueces gordas, piñas de pino y de abeto, manzanitas rojas pequeñas. Envolvemos en papel transparente unas galletas, pastas dulces y caramelos, y los colgamos atándolos con hilo de lana de distintos colores. También las bolas de semillas del plátano de sombra, rodajas secas de limón y de naranja (basta con tenerlas un par de días sobre el radiador de la calefacción, acordándonos de darles la vuelta de vez en cuando), espirales o «nidos» de piel de naranja, pequeños atados de canela en rama, o cualquier otra cosa que se nos ocurra.

Un poco más complicados resultan los adornos hechos con sobrantes de cera. Reunimos cabos de vela rojos o amarillos y los fundimos a fuego muy lento en una olla vieja. Mientras tanto engrasamos una bandeja vieja del horno con aceite vegetal, y echamos la cera recién fundida hasta obtener una capa de unos 5 mm de espesor. Cuando la cera empiece a espesar, pero sin esperar a que esté completamente solidificada, sacamos formas de estrellas, medias lunas, corazones, etc., con moldes de hojalata. En esta actividad pueden ocuparse varios niños al mismo tiempo. Con un palillo practicamos un agujero en cada una de las piezas (para poder colgarla), y las retiramos de la bandeja. Cuando se hayan enfriado les pasamos un hilo y las colgamos

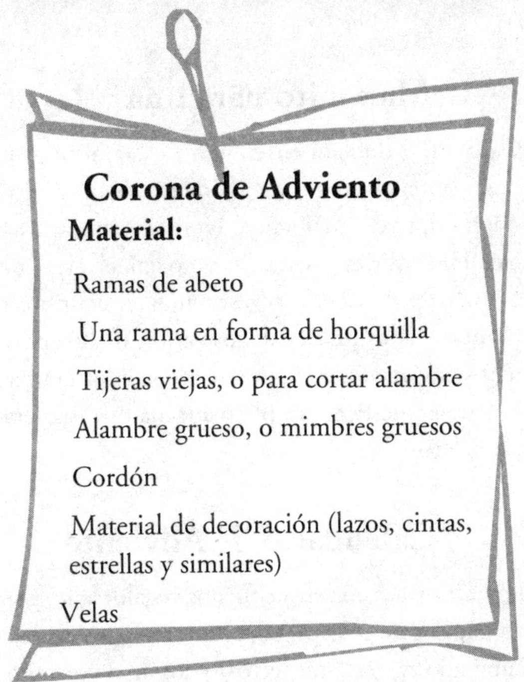

Corona de Adviento
Material:

Ramas de abeto

Una rama en forma de horquilla

Tijeras viejas, o para cortar alambre

Alambre grueso, o mimbres gruesos

Cordón

Material de decoración (lazos, cintas, estrellas y similares)

Velas

Con recortes de ramas de coníferas, bien pobladas de agujas, y de otras especies siempre verdes. No necesitan tener más de 20 o 30 cm de longitud. Con mimbre o alambre formamos una corona del diámetro adecuado (de 30 a 50 cm). Los extremos se entretejen o se atan con cordel anudando fuertemente.

Los niños atarán las ramas de tres en tres. Lo mejor es utilizar alambre plastificado verde, como el que usan las floristerías. Asegurar con varias vueltas de alambre dejando un cabo largo que servirá para sujetar el atado en la corona. Los niños irán vistiendo la corona dejando siempre los extremos de las ramas con las agujas mirando a la izquierda, y las fijarán con el alambre verde. La capa siguiente se colocará empezando un poco más a la derecha que la anterior, de modo que los extremos poblados oculten las fijaciones. Así continuamos hasta obtener una corona bien espesa. Si vemos que ha quedado un poco floja podemos atarla con el resto del alambre. Si el grupo de niños es numeroso, haremos que confeccionen varias coronas. Por último se adornan con los accesorios navideños y con las velas.

Manguito para una vela

Cada niño doblará en círculo un alambre grueso, hasta obtener un aro del diámetro de un plato pequeño aproximadamente. Unir los extremos torciéndolos varias vueltas. Como en el caso de la corona de Adviento, revestiremos el alambre con ramitas y adornos navideños varios, incluyendo ramas siempre verdes. Con este aro se adorna una vela gruesa puesta en un plato adecuado a manera de candelero.

Calendario de Adviento

Los niños envuelven pequeños regalos y golosinas en papeles de colores (papel de envolver regalos recuperado, viejos prospectos) y los atan con hilo de lana de distintos colores. Se rotulan numerándolos del 1 al 24 y se cuelgan de una rama grande de abeto, formando hilera o todos juntos. A su vez esta rama se fija horizontalmente en la pared o sobre el hueco de una ventana, completando con adornos como ramas pequeñas de abeto, piñas y pequeños objetos navideños.

Dar de comer a los pájaros

Puesto que estamos en Navidad, que no se queden sin comer los pájaros que vuelan libres. Los niños escogerán un árbol de los que ha desnudado el invierno, o expondrán una rama al aire libre (clavada verticalmente en un cubo lleno de arena), en donde colgarán pequeños obsequios como frutas del bosque de distintos colores (bayas de escaramujo, moras, arándanos, trozos de manzanas y otras frutas, espigas de cereal del otoño, pasas, trozos de pan de higo, pequeños recipientes de plástico llenos de alpiste o pipas de girasol, etc.).

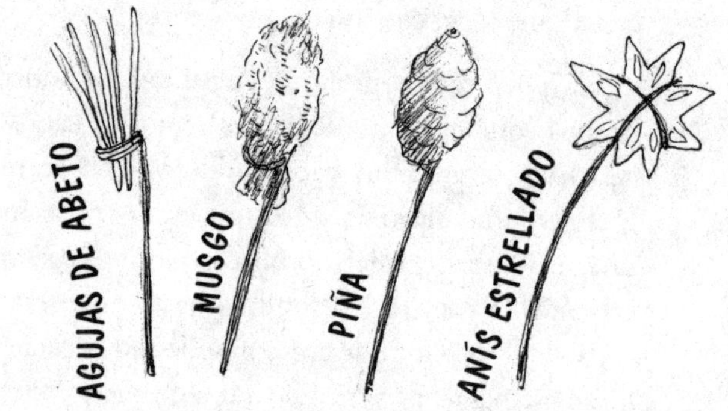

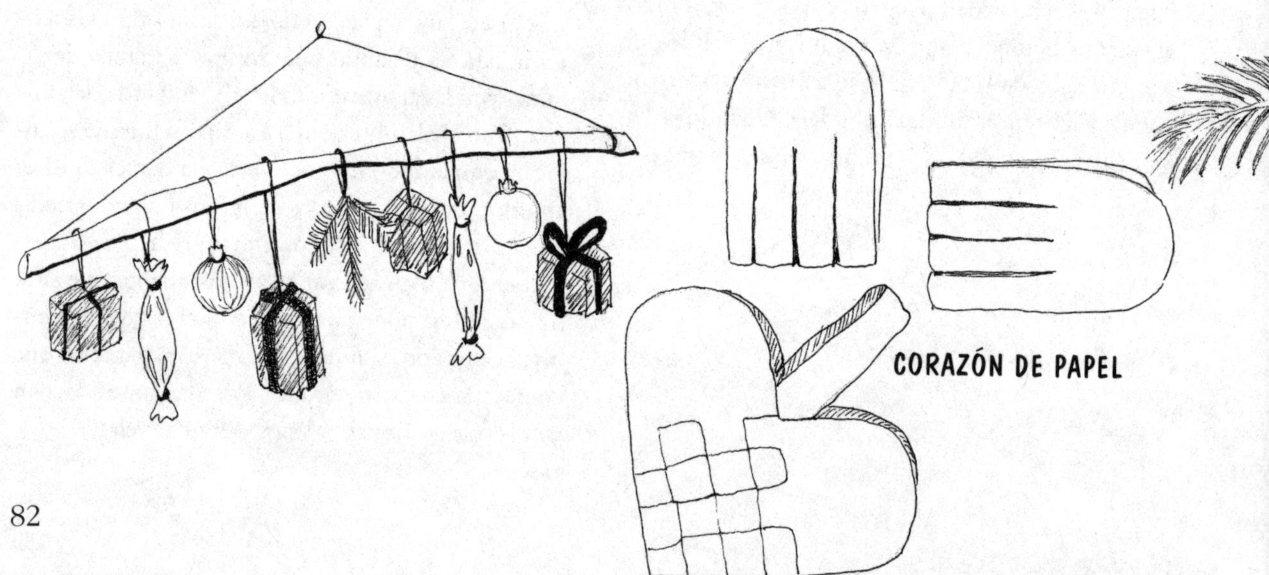

Erizo de Navidad

Cada niño elegirá una naranja y la pinchará de adornos hechos con toda clase de especias (canela en rama, clavos, cáscaras de naranja secas, véase la pág. 38, ramitas de abeto).

Pastas con anagrama

Son pastas dulces que se amasan y hornean como de costumbre, pero las marcaremos con un sello de madera fabricado por nosotros mismos. Se corta un trozo de rama de unos 2 a 3 cm de diámetro, y en una de las caras se graba a navaja una cruz, una estrella o cualquier otro símbolo no demasiado complicado. Las pastas se forman un poco más gruesas de lo habitual, y de tamaño igual o algo superior al del sello. Entonces podremos decorar cada uno de los discos de masa con nuestra marca, antes de meterlos en el horno.

Colgantes de piña

Las piñas grandes se hallan cerradas durante la estación fría y se abren con el calor. Entre los huecos de una piña abierta pueden esconderse gominolas u otros dulces y pequeños regalos. Si se ponen en una habitación algo más fresca, la piña tiende a cerrarse y retiene el contenido con fuerza. Atamos la rama con un lazo para colgarla

Jardín japonés de invierno

En una bandeja de fondo plano (bandeja del horno con revestimiento cerámico, plato sopero grande) colocamos un fondo de musgo y lo decoramos con piedrecillas y ramitas. Se obtiene así un pequeño paisaje y si los niños se acuerdan de regar un poco el musgo todos los días, lo tendrán siempre verde durante varias semanas. Para animar el paisaje pueden añadirle algunas figuras del belén, como un rebaño de ovejas. Véase en el dibujo cómo se fabrican fácilmente unas ovejas mediante corchos, un poco de lana o algodón, y palillos.

Celebración del árbol (antes de las fiestas navideñas)

Una fiesta infantil para celebrar el comienzo de las vacaciones de Navidad. Confeccionadas las decoraciones y adornada la habitación para la fiesta, los niños prepararán pequeños regalos para sus amigos invitados y para la familia. Otro día se preparan las golosinas (bizcochos, galletas, mazapanes, frutas confitadas), se envuelven y se atan con lazos para colgar.

El centro de la fiesta será un árbol o unas ramas grandes que habrán decorado entre todos, de acuerdo con algunas de las sugerencias anteriores.

Habrá refrescos, infusiones, dulces, castañas...

Se ambientará la habitación quemando ramas resinosas, Aparte las canciones y versos habituales de Nacidad, se puede leer en voz alta una historia relacionada con los árboles, o representar una pequeña comedia (inspirada, por ejemplo, en el cuento del abeto y el viejo roble, de Hans Christian Andersen).

Golosinas para la Navidad

Dar un hervor a la leche y añadir para cada taza de chocolate una cuchara de cacao en polvo con una pulgarada de canela en polvo. Servir decorado con un poco de nata montada.

Calentar el zumo de saúco añadiendo canela en rama y clavos (uno cada medio litro de bebida), pero sin que llegue a hervir. Servir en vasos pasando por el colador, añadiendo un poco de zumo de naranja o de limón al gusto, y adornado con rodajas de naranja y limón.

Almendras tostadas

Ingredientes:

100 g de almendras

1 cucharada de aceite de la cocina

Un poco de sal

Pimentón en polvo o comino en polvo

Escaldamos los 100 g de almendras en agua hirviendo durante 1 minuto aproximadamente, enfriamos añadiendo agua fría. Pelamos las almendras y las mezclamos con 1 cucharada de aceite y un poco de sal, para tostarlas en la sartén muy caliente (o en el horno a 160 grados), hasta que tomen un color amarillo dorado. Poco antes de sacarlas, las sazonaremos con el pimentón o el commino. Dejar que se enfríen, y en caso necesario corregir de sal.

Barquitos de dátiles
Ingredientes:

Dátiles frescos o secos

Queso de Burgos o requesón

Curry en polvo

Zumo de limón

Eventualmente un poco de leche

Hojas de laurel para adornar

Se parten unos dátiles grandes por la mitad, se deshuesan y se echa una porción de queso fresco, previamente sazonado con una pulgarada de curry y un chorrito de zumo de limón, mezclando tal vez un poco de leche para conseguir una masa pastosa. Adornar cada mitad de dátil con una hojita de laurel a modo de «vela».

Castañas calientes

Marcar con la punta del cuchillo una cruz en la cara que tienen plana las castañas. Echarlas todas en una sartén con 1 cm de agua caliente, tapar y hervir a fuego lento unos 20 minutos, para que se ablanden las castañas. Deben consumirse bien calientes. Una alternativa sería colocarlas en una bandeja, sin agua, y asarlas en el horno.

Troncos de mazapán
Ingredientes:

100 g de nueces, avellanas o almendras

12 cucharaditas de miel

Chocolate en polvo

Nueces picadas

Se pasan dos veces por la trituradora 100 g de nueces, avellanas o almendras. Mezclar con unas 2 cucharaditas de miel espesa, y se chafan con el tenedor hasta obtener una masa cremosa. Una tercera parte de esta masa se mezclará con el chocolate en polvo. Así obtenermos una parte clara y otra oscura que aplanaremos y luego enrollaremos todo junto similando un tronco de árbol con su corteza. Este «tronco» lo pasaremos por una cantidad de nueces picadas y lo espolvorearemos con un poco más de chocolate en polvo. Se corta luego transversalmente en rodajas, sin quitarle la corteza. Este mazapán oscuro es más sabroso que el del comercio.

Frutillas chocolateadas
Ingredientes:

Chocolate blanco

Chocolate oscuro

Frutas frescas o confitadas

Pinchos de madera

Un poco de aceite

Calentar al baño maría media tableta de chocolate blanco y otra media de chocolate oscuro. Pinchar trozos de fruta fresca lavados y escurridos, o de fruta confitada. Con unas pinzas, sumergir los pinchos en el chocolate fundido. Luego los pasamos a un plato de porcelana ligeramente aceitado para que se enfríen, y los servimos

Compota de ciruela
Ingredientes:

100 g de ciruelas pasas

50 ml de infusión de escaramujo

20 g de nueces o almendras

Un poco de canela

Trocear los 100 g de ciruelas y dejarlas en remojo en unos 40 ml de infusión durante toda la noche. Al día siguiente lo pasamos por la batidora para formar una masa, a la que añadiremos la canela y 20 g de nueces o de almendras picadas. Sirve para untar galletas o pan integral, y se puede conservar en el frigorífico varios días.

Monigotes de nieve
Ingredientes para cada monigote:

20 g de albaricoques secos

2 cucharadas grandes de zumo de naranja

20 a 30 g de coco rallado

Para el adorno: palillos de cóctel, bayas de arándano, canela en rama, clavos, ramitas verdes

Para cada «monigote» cortamos a trozos pequeños 20 g de albaricoques secos que tendremos en remojo durante unas 3 horas en 2 cucharadas de zumo de naranja. Se mezcla con el coco rallado. De cada porción se amasan dos bolas grandes y una más pequeña, y las pasaremos por una cantidad de coco rallado. Superponemos las tres bolas en forma de monigote y les pasaremos un palillo para que no se desmonten. Los ojos serán dos bayas de arándano, la canela en rama el cabello, una hilera de clavos los botones, y las ramitas los brazos y piernas.

Mundos fantásticos del árbol

Antiguamente, todos los pueblos del mundo atribuyeron gran importancia al árbol, o a determinados árboles. Considerados como seres vivos y habitados por un espíritu, formaban parte de la vida cotidiana y del rito (bosques sagrados, árboles protectores, emblemas de paz). En el último capítulo trataremos de acercarnos a este aspecto no material del árbol.

Los árboles en los cuentos y leyendas populares

¿Sabe alguien alguna historia en la que desempeñen un papel importante los árboles? Por lo general, los niños más pequeños recuerdan sobre todo los cuentos infantiles clásicos, muchos de los cuales tienen su escenario en el bosque. Este detalle nos indica que en la época en que nacieron estos relatos existían más árboles que ahora. Los protagonistas viven en cabañas del bosque (como *Blancanieves*, la abuela de *Caperucita Roja* y *Pulgarcito*). A veces, ese bosque alberga cosas misteriosas, o amenazas (como la casa de la bruja en *Hansel y Gretel*). Hay fieras, y tesoros escondidos entre las raíces, y gentes que se extravían muchos días en esas arboledas infinitas, o bandidos que viven ocultos en ellas. Hay árboles con manzanas de oro, o que conceden regalos...

Los niños en edad escolar tal vez conocerán algunas leyendas de la Antigüedad clásica. Se hallan escenas muy hermosas en el poema homérico de la *Odisea*, cuyo héroe Ulises tiene una relación muy especial con los árboles. De niño recibe como regalo de su padre todo un huerto cuyos frutales va relacionando el poeta sin descuidar detalle. Durante sus aventuras se oculta con frecuencia en algún bosquecillo de álamos, o le vemos descansando al pie de un olivo, o sobre un lecho de hojarasca reunida por él mismo, o agarrándose a la rama de una higuera que le salva de perecer en el abismo entre Escila y Caribdis. Y todavía tiene Ulises otro gran secreto: su cama, hecha de una sola pieza, del tocón de un olivo gigantesco que todavía hunde las raíces en la tierra, alrededor del cual mandó construir todo el palacio real.

El santuario más antiguo de Grecia era el bosque de encinas sagradas de Dodona. El rumor del viento al pasar por las ramas se mezclaba con la voz de Zeus, que anunciaba el porvenir. Los atenienses, sobre todo, eran muy aficionados a consultar este oráculo, ya que solía serles más favorable que el del templo de Apolo en Delfos. Y los argonautas, es decir los héroes de la expedición que salió a buscar el Vellocino de Oro en un navío llamado *Argo*, colocaron en la proa de éste un madero del encinar sagrado que también era capaz de profetizar.

Las antiguas leyendas nórdicas, originadas hace más de mil años en los países escandinavos, imaginan la Tierra en forma de un solo árbol gigantesco, el fresno del mundo, que lleva el extraño nombre de Yggdrasil.

Bajo las ramas del sagrado árbol Yggdrasil y alrededor de su tronco se extienden las tierras de los hombres. En sus ramas viven una ardilla y un águila, y cuatro ciervos se alimentan de sus hojas. Debajo están los infiernos con sus tres fuentes, sus dragones y sus serpientes. También se halla entre sus raíces *Jotunheim*, la habitación de los gigantes. Las raíces del árbol unen el reino de *Midgard*, «la tierra media», morada de las serpientes, con *Asgard*, el reino de los dioses o «Ases» y con Niflheim, «la morada de la niebla». Es también el refugio de las tres diosas del destino o «Nornas», que se encargan de dar agua a las raíces. Y cuando sobrevenga el fin del mundo, el árbol empezará a temblar y todo desaparecerá en un gran incendio.

En esta mitología escandinava, la especie humana proviene directamente del reino vegetal. Estaban los tres dioses Odín, Hoenir y Lodur recorriendo la Tierra todavía desierta, cuando encontraron dos troncos de árboles y decidieron crear una pareja. Odín les dio la vida, Hoenir el alma y la facultad de razonar, Lodur el calor y los colores frescos y animados. El hombre se llamó «Ask» y la mujer «Embla».

Las escenas de los cuentos y leyendas, encadenadas de viva voz o leídas procurando dar entonación y dramatismo, se prestan a crear vívidas ilustraciones a la acuarela o con colores a la cera. Finalmente haremos que los niños imaginen e ilustren a gran formato una historia en la que intervengan los árboles.

Espíritus de los árboles

Si es posible, en otoño organizamos con los niños una breve excursión a alguna arboleda, a la hora del crepúsculo matutino o vespertino. Iluminados con linternas de bolsillo o faroles, las siluetas inciertas de los árboles ofrecerán un espectáculo verdaderamente fantasmagórico. Que los niños inventen nombres para los fantasmas de los árboles que vayan descubriendo, y que inventen historias adecuadas.

También podemos hacer que coleccionen una cantidad de ramas flexibles y otras rígidas y fuertes, así como castañas, cápsulas o vainas de semillas, etc. Con estos elementos formaremos un monigote clavando en el suelo dos ramas aguzadas que serán las piernas, y luego les ataremos con cuerda o alambre el tronco, los brazos, las «antenas», etc. Con fantasmas de este género pueden poblarse, por ejemplo, los setos bajos de los jardines a la puerta de casa, o las jardineras de los balcones, donde proyectarán sus sombras fantasiosas.

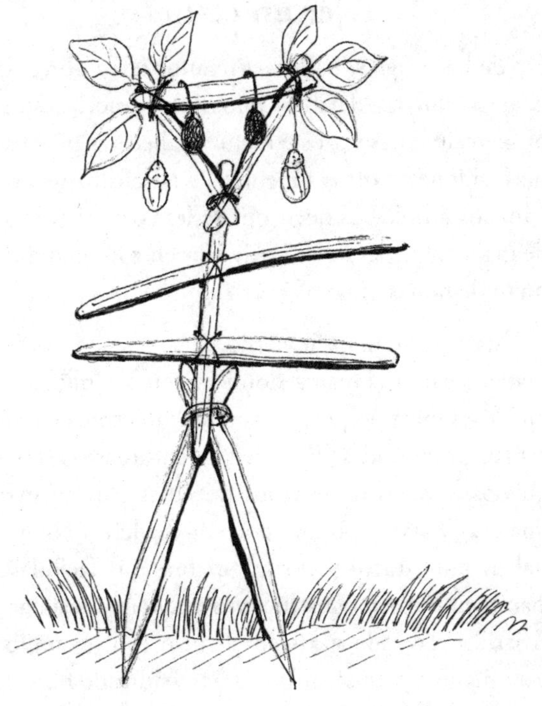

Bosques misteriosos

Muchos árboles poseen propiedades especiales, o sustancias activas. Entre los más conocidos puede citarse como ejemplo el sauce.

Es un árbol que agradece la proximidad del agua, y por eso lo encontramos a menudo flanqueando las orillas de los ríos y lagos interiores. En los parques suele abundar una variedad especial, el sauce llorón, de ramas colgantes. Sin embargo, el sauce tiene mucha vitalidad y muchas veces una vara de sauce cualquiera clavada en el suelo sirve de esqueje, echa raíces y acaba convirtiéndose en un nuevo árbol. Las épocas más favorables para hacer esta demostración son a comienzos de la primavera o finales del otoño.

La corteza del sauce contiene un principio activo eficaz contra el dolor y cuya molécula se asemeja químicamente a la del ácido salicílico que entra en la composición de muchos analgésicos.

Tejer un cesto

Desde hace siglos, hábiles artesanos tejen obras de cestería con las flexibles ramas del sauce: cestos, otros recipientes varios e incluso cabeceras para camas, sillones y otros muebles. A tal efecto se «capan» los árboles, es decir que se les corta el tronco de manera que les nazca artificialmente un gran número de ramas muy delgadas.

Éstas se cortan en invierno. Si se encuentra este material en la comarca donde viven los niños, se puede adquirir un poco para que empiecen a conocer sus propiedades. También les encargaremos pequeños trabajos (trenzar los mimbres para formar una cruz y atarlos con un poco de cordel). El material es muy dúctil y no se quiebra con facilidad. También pueden construir una pequeña verja para el jardín clavando varas en el suelo (por ejemplo, para delimitar un semillero o un cuadro de flores).

Si se realiza esta operación en primavera o en otoño, cuando la tierra está húmeda, podrá suceder que las ramas clavadas echen hojas verdes.

Tallar una varita mágica

En primavera, sobre todo, cuando la corteza está tierna y llena de savia, las ramas delgadas de sauce (y también otras, como las de avellano) se decoran fácilmente a punta de navaja. Se trata de imaginar figuras geométricas sencillas que iremos repitiendo, talladas en la corteza, y levantando algunas partes de ésta. Las varas gruesas dan bastones como los que antiguamente llevaban los excurionistas. Con otras más delgadas podemos fabricar una batuta, una varita mágica, el asta de una banderita. Con una horquilla fuerte, un tirador de gomas, un colgador, y muchas cosas más. Es un buen entretenimiento para las excursiones.

Varas de zahorí

Una de las propiedades más misteriosas de las varas de sauce, para la que todavía no se ha dado ninguna explicación suficiente, es la supuesta atracción que ejercen sobre ellas las corrientes de agua.

La posibilidad de descubrir una mina de agua con ayuda de una horquilla de sauce, no se ha demostrado científicamente pese al mucho interés con que se ha estudiado la cuestión. A los niños les gustará realizar este experimento. Un prado grande y húmedo, con presencia de un arroyo o río en las cercanías, es el lugar ideal para ello.

Se busca una horquilla delgada con las dos ramas iguales y se corta a la medida. Hay que sujetarla más o menos como el manillar de una bicicleta, pero con los dorsos de las manos vueltos hacia abajo y el extremo grueso de la horquilla apuntando hacia delante. Al recorrer el prado, algunas personas sienten con bastante claridad un tirón al pasar por determinados lugares.

En otros tiempos, las gentes llamaban al zahorí para elegir la situación de sus casas, o para saber dónde tenían que empezar a cavar el pozo. Algunos ingeniosos incluso construyen varillas de metal que según ellos son todavía más sensibles que las de sauce.

Escoba de bruja

Material:

Un palo de escoba o vara de 1,2 m de largo aproximadamente

Un haz de ramas delgadas y flexibles

Cordel

Alambre grueso

En caso necesario, alicates

Un taco de madera para dar vueltas al alambre

Podaderas o tijeras viejas

Martillo

Tradicionalmente las escobas se fabricaban con ramajes de tamujo, pero sirve cualquier haz de leña fina, que se encuentra fácilmente durante la temporada de poda de los árboles. Atados a un palo que sirva de mango, no sólo forman una buena «cabalgadura para las brujas», sino que son muy útiles para barrer terrazas y caminos.

Si vamos a construir una escoba, importa recordar que la fijación de las ramas ha de ser sólida. Los niños de más edad trabajarán en grupos de a dos, los pequeños en colaboración con una persona adulta:

- Cortar todas las ramas a igual longitud (la del antebrazo poco más o menos) y disponerlas en el suelo, alineadas transversalmente sobre un trozo de cuerda.

- Colocar el palo de manera que luego quede introducido más o menos hasta la mitad del haz de ramas. Uno de los niños sujetará éstas alrededor del palo, mientras el otro las ata provisionalmente con la cuerda.

- Se da una vuelta de alambre grueso (por ejemplo, de una percha vieja) alrededor del haz, y se atornillan los extremos con ayuda de un taco grueso o de una varilla de metal, apretando hasta que el haz de ramas quede bien asegurado. Por último cortamos el alambre sobrante con una podadera.

- Con el martillo, chafar los extremos de alambre para quitar posibles rebabas cortantes.

- En caso necesario, recortar un poco las ramas para igualarlas.

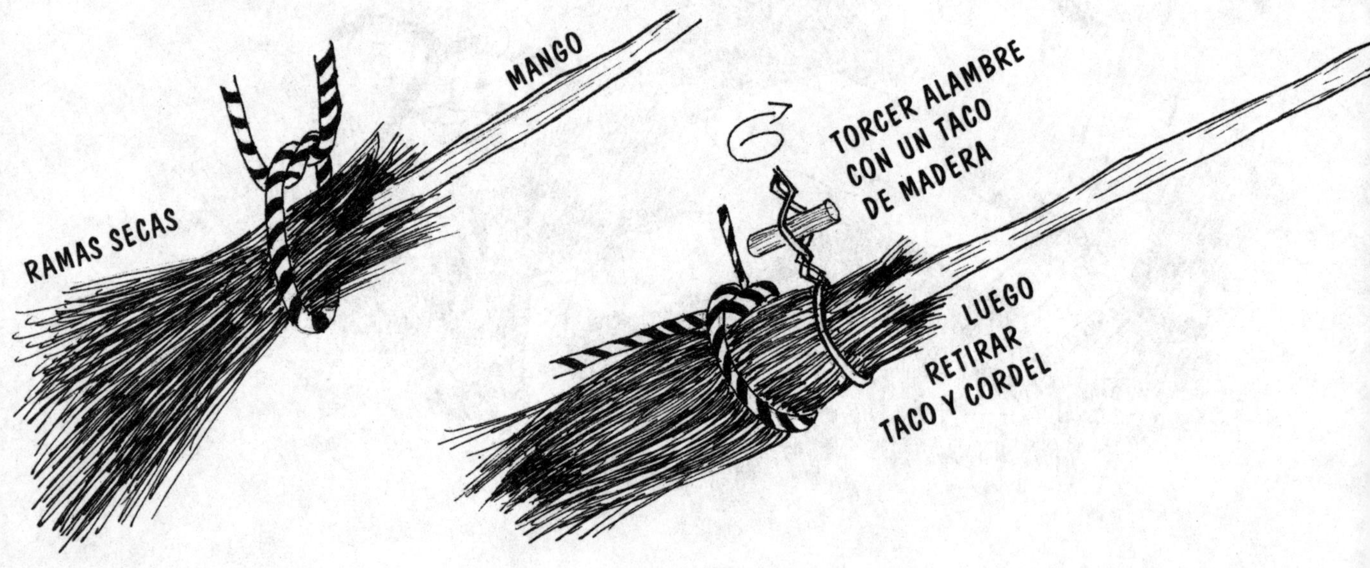

Un parásito de los árboles: el muérdago

El muérdago es una planta que vive parásita de los árboles. En invierno podemos ver sus tallos siempre verdes, que llegan a alcanzar hasta un metro, entre las ramas desnudas del anfitrión. Aunque estén allá arriba, hunden sus raíces en la madera y se alimentan del agua y de los nutrientes del árbol. En realidad se trata de una existencia semiparasitaria, porque las hojas verdes del muérdago, a su vez, aportan alguna utilidad a la asociación. Se conocen tres especies, habitantes de los árboles de hoja caduca, del abeto blanco y del pino.

¿Cómo consiguen establecerse? Al llegar a una determinada edad, el muérdago echa unas bayas pequeñas, con aspecto de perlas, que contienen además de la semilla un líquido pegajoso. Con él se adhieren al cuerpo de los pájaros y otros pequeños habitantes de los árboles, que transportan las semillas de unos a otros, y así logran echar raíces.

Esta extraña planta siempre ha excitado la fantasía de los humanos. A la variedad más rara, la que crece sobre el roble, se le atribuyeron toda clase de propiedades secretas. Los lectores de *Astérix* saben que los sacerdotes de los antiguos celtas, los druidas, salían en las noches de luna llena provistos de guadañas de oro para cortar el muérdago. Y todavía hoy añadimos una ramita de muérdago a los ramos y coronas que se cuelgan sobre las puertas en Navidad. Parece ser que previene las desgracias y atrae la buena suerte. En Inglaterra, la pareja sorprendida bajo la rama de muérdago quedaba obligada a besarse. Si se quema una ramita a la llama de una vela se observa que el fuego adopta extrañas formas y coloraciones.

Índice de actividades por temas

Actividades

Bricolaje

Exploraciones

Informaciones

Recetas

Juegos

Índice de actividades por estaciones

Acerca de la autora

Nacida en Erlangen, 1960, estudió lengua y literatura alemana en Salzburgo, más un año de ampliación en Glasgow.

Desde 1988 es editora, traductora y escritora, especialmente sobre los siguientes temas: plantas, bricolaje y actividades con materiales ecológicos, libros infantiles, manuales escolares, libros de divulgación científica, libros de viajes.

Desde la infancia manifestó interés por los métodos de trabajo sostenibles, en relación con la defensa del medio ambiente, y ha desarrollado conceptos que divulga asiduamente en seminarios, grupos infantiles, artículos de revistas y libros. Quiere demostrar que es posible divertirse y pasarlo bien de una manera sencilla y sin caer en la neurosis consumista y la destrucción de la naturaleza.

Actualmente reside en Nuremberg, «en la linde del bosque centroeuropeo».